Visualisierung

Mehr Erfolg, Geld, Gesundheit und Liebe durch die Kraft der Anziehung

---

Diana Wegbecker

1. Auflage
Deutsche Erstausgabe 08/2019

Printed in Germany

Einleitung

Sicherlich wirst Du im Laufe Deines Lebens bereits bemerkt haben, dass es unterschiedliche Lerntypen gibt, denn letzten Endes erfolgt Dein Lernen durch die unterschiedlichen Sinnesorgane.

Somit gibt es Menschen, die gut mit dem Lernen durch das reine Zuhören zurechtkommen. Sie gehören dem auditiven Lerntyp an, bei dem es auch viel auf die Lautstärke und die Satzmelodie des zu Lernenden ankommt. Am besten lernen auditive Lerntypen beispielsweise mithilfe von Hörbüchern oder Hörspielen.

Darüber hinaus gibt es auch einen sogenannten haptischen Lerntypen. Bei diesem kommt es viel darauf an, dass Dinge durch fühlen und tasten erlernt werden. Gerade bei diesem Lerntypen ist eine aktive Mitarbeit von großer Relevanz, denn letztlich gehen begreifen und greifen eng miteinander einher.

Desweiteren gehören einige Personen dem verbalen Lerntypen an. Ihnen gelingt das Lernen am besten, wenn sie über das zu Erlernende sprechen und diskutieren, denn in der Folge sorgt es dafür, dass sich die Personen gut an die Inhalte erinnern können. Am besten funktioniert das natürlich in Gruppenarbeiten oder auch in Diskussionen, denn durch diese Formen findet noch einmal eine Erleichterung im Vergleich zu den rein akustischen Vorträgen statt.

Zu guter Letzt gibt es den visuellen Lerntypen, dem es am leichtesten fällt, Dinge zu erlernen wenn er sie visualisiert vor sich sehen kann – ob durch Bilder oder Symbole.

Wir sind, was wir denken. Alles, was wir sind, entsteht in unseren Gedanken. Mit unseren Gedanken formen wir die Welt.
- Buddha

Einer Studie zufolge denkt jeder Mensch tagtäglich etwa rund 60.000 Gedanken. Dabei entstehen nicht selten ganze Gedankenfilme, die permanent vor unserem inneren Auge ablaufen – vollkommen egal ob gewollt oder ungewollt. In diesen Gedankenfilmen geht es darum wie unsere Zukunft aussehen wird oder wie gewisse Situationen in unserer Vergangenheit verlaufen sind. Es können auch vollkommen banale Gedankengänge sein wie das Abendessen des heutigen Tages oder auch Fragen, wie es gewesen wäre, anders auf gewisse Aussagen anderer Personen gegenüber einem selbst reagiert zu haben. Die Gedanken besitzen stets eine unterschiedliche Qualität, manche Gedanken sind sinnvoll – andere sind lediglich verschwendete Lebenszeit, doch diese Qualität hat enorme Auswirkungen auf den gesamten Lebensalltag einer jeden Person.

Doch Fakt ist, dass die Gedankengänge in den meisten Fällen vollkommen unkontrolliert ablaufen – und erschreckend ist die Tatsache, dass sogar festgestellt wurde, dass lediglich drei Prozent dieser Gedankengänge wirklich positiv sind. Ganze 25 Prozent hingegen sind alleine kritischer Natur. Bleiben noch weitere 72% Gedankengänge übrig – und diese sind nichts weiter als flüchtige und zumeist wirklich unbedeutende Gedanken.

Abgesehen davon kommen noch sehr viele – in vielen Fällen sogar fremdbestimmte – Glaubenssätze hinzu, die in Deinem Unterbewusstsein fest verankert sind und die in einigen Situationen einfach auftauchen.

Das, was nun aber tatsächlich passiert ist, dass wir nach all diesen Gedankengängen handeln – wir entscheiden ob wir etwas tun möchten oder ob wir es lieber sein lassen, wir nehmen Chancen wahr, die sich uns bieten, weil wir selbst an uns und das Potenzial glauben oder wir lassen diese Chance eben ungenutzt an uns vorbeiziehen. Im ersten Moment mag sich das ein wenig kompliziert anhören, allerdings ist es doch recht simpel.

Achte auf Deine Gedanken, denn sie werden Worte.
Achte auf Deine Worte, denn sie werden Handlungen.
Achte auf Deine Handlungen, denn sie werden Gewohnheiten.
Achte auf Deine Gewohnheiten, denn sie werden Dein Charakter.
Achte auf Deinen Charakter, denn er wird Dein Schicksal.
Talmud

Dein Denken nimmt stets Einfluss auf Deinen Alltag und Dein gesamtes Leben und zeigt seine

Auswirkungen. Allerdings bist Du Deinen Gedanken niemals einfach ausgeliefert, Du kannst sie lenken indem Du die Visualisierung für Dich anwendest.

Genau um letzteres wird es auch in diesem Buch gehen. Du wirst Dich aktiv mit der Visualisierung, ihren Hintergründen und ihren Möglichkeiten auseinandersetzen. Denn nicht nur zum Lernen ist die Visualisierung überaus gut geeignet sondern auch um Dein gesamtes Leben in eine positivere Richtung zu lenken und Deine Ziele fokussiert erreichen zu können.

Denn die Visualisierung ist eines der mächtigsten Instrumente um Dein Leben so zu gestalten, wie Du es Dir wünscht.

Nimm Dir also ausreichend Zeit Dich mit diesem Thema auseinanderzusetzen und nutze die Gelegenheit die vielen praktischen Anwendungstipps in Dein Leben miteinzubeziehen. Du wirst schon bald merken, dass Dein Leben sich für Dich noch viel besser anfühlen wird als es je zuvor der Fall war und Du ganz fokussiert und mit einem ganz anderen Blick an viele Dinge herangehen wirst.

Inhaltsverzeichnis

Was ist die Visualisierung?

Wenn es um das Thema Visualisierung geht, so gibt es viele unterschiedliche Bedeutungen. In ihrem Ursprung galt die Visualisierung als eine Begrifflichkeit, die in ihrem Kern eine Technik in der Meditation darstellte. Allerdings geht es im modernen Sprachgebrauch eher um die vielen mit ihr verbundenen Methoden, die das Ziel verfolgen relativ komplexe Sachinhalte als Darstellung zu verdeutlichen oder das Lernen bestimmter Themen einfacher zu gestalten. Jedoch kommt es nicht selten vor, dass sich auch Sportler und andere Leistungsträger der Visualisierung bedienen um sie zur Stärkung ihrer Motivation zu nutzen.

Um auf das Thema der Visualisierung innerhalb des ursprünglichen Sinnes zurückzukommen, so ist die Begrifflichkeit sehr geprägt durch Religionen und vor allem auch spirituelle Ansichten. Denn eingesetzt als Technik in der Meditation kann die Visualisierung dazu beitragen die eigenen Ziele und auch Wünsche zu erreichen.

Innerhalb des Berufsalltags wurde der Begriff der Visualisierung jedoch abgewandelt, denn hier bezeichnet er mittlerweile eher Techniken, mit denen man effektiv zur Gestaltung und

Aufmerksamkeitslenkung in Präsentationen, beim Lernen oder eben der Darstellung von relativ komplexen Sachinhalten arbeiten kann.

Bei der Visualisierung geht es also grundsätzlich darum, dass erfasste Informationen mithilfe von Bildern, Symbolen oder anderen Elementen visueller Art erläutert und verständlich gemacht werden. Durch die Verwendung der Visualisierung kann das Gehirn auf mehrere unterschiedliche Arten das Dargestellte aufnehmen, verarbeiten und speichern – Studien zufolge ist die Informationsaufnahme und das Merken gewisser Daten auf diesem Weg deutlich effizienter.

Oftmals ist es so, dass Informationen nonverbaler Art von vielen Menschen deutlich besser erfasst und gespeichert werden können da die visuelle Auffassungsgabe in den meisten Fällen relativ hoch ist. Allerdings ist es entgegen der möglichen Annahme, dass durch die Visualisierung vollends auf die Verwendung von Textpassagen verzichtet wird, nicht so – denn Visualisierungen können auch als Ergänzung zu verwendeten Texten genutzt werden um diese anschaulicher werden zu lassen. Denn durch die zusätzliche oder generelle Verwendung von Bildern wird sowohl die Motivation gesteigert und das Denken angeregt.

Diese bildhaften Darstellungen können jedoch noch einmal in zwei grundsätzliche Kategorien unterschieden werden – zum einen in Abbildungen und zum anderen in Visualisierungen.

Der Unterschied liegt dabei darin, dass Abbildungen vordergründig die Realität in dem Maße wiederspiegeln, wie sie von den meisten Personen auch wirklich wahrgenommen wird. Somit ist sie nicht nur realitätstreu sondern eben auch nonverbal. Beispiele für Abbildungen können dabei Fotos oder auch Zeichnungen sein, die recht realitätstreu erstellt wurden.

Im Gegensatz dazu stellen Visualisierungen Zusammenhänge dar, die in der Realität existieren, jedoch nicht zwingend eindeutig ersichtlich sind. Deshalb werden Visualisierungen nicht selten auch als analytische oder logische Bilder bezeichnet.

Mithilfe der Visualisierung können viele unterschiedliche Dinge dargestellt werden – so dient sie nicht nur für die Verarbeitung von Sachaussagen sondern auch für die Darstellung von Gegenständen, Gefühlen aber auch Prozessen wie beispielsweise im Projektmanagement.

Allgemein lässt sich die Visualisierung in zwei unterschiedliche Arten kategorisieren – zum einen in die intuitive und simplere Darstellung eines weitaus komplexeren Themas wie beispielsweise die visuelle Darstellung von erfassten Daten in einem Diagramm sowie zum anderen das Festhalten des Ergebnisses eines Themas, welches sich nicht ausschließlich durch einen Text wiedergeben lässt und somit visuelle Hilfsmittel einbezieht wie zum Beispiel einen Netzplan.

Findet die Visualisierung im Projektmanagement Anwendung so gilt es auch hier vier Aufgabenbereiche klar voneinander zu trennen. So gibt es die Analyse, die Planung, die Überwachung und die Präsentation sowie Moderation. Sie alle bedienen sich unterschiedlicher Hilfsmittel – so kommen bei der Analyse beispielsweise eine Risikomatrix oder ein Ursache-Wirkungs-Diagramm zum Einsatz, während bei der Planung unter anderem mit einem Balkenplan, Netzplan oder einem Projektstrukturplan gearbeitet wird. In der Überwachung findet unter anderem die Meilensteintrendanalyse Verwendung während der letzte Aufgabenbereich der Präsentation und Moderation viel über Mindmaps oder auch Visual Facilitation funktioniert.

Somit verfolgt die Visualisierung bei ihrem Einsatz im Projektmanagement einige Ziele – in erster Linie sollen komplexe Zusammenhänge so dargestellt werden, dass sie einfacher verständlich werden. Außerdem geht es auch um die Zusammenfassung von einer großen Menge an Daten, sodass sie auf einen einzigen Blick bereits erfasst werden können. Auch sollen durch die Visualisierung Ergebnisse von Analysen so präsentiert werden, dass sie für jeden nachvollziehbar sind und ein grundsätzliches Verständnis für den dargestellten Sachverhalt entsteht.

Doch Du kannst die Visualisierung noch für viel mehr als für die bildliche Darstellung von Sachverhalten nutzen – denn visualisieren bedeutet im Grunde genommen, dass Du Dir mit Deinem Geist etwas verbildlichst und es so vor Dein inneres Auge führst. Auf diesem Weg erschaffst Du Dir Deine eigene Realität in Deinem Kopf und um diese umzusetzen benötigst Du die Visualisierung, denn mit ihr kannst Du Deine Wünsche erfüllen. Wichtig ist nur, dass Du Dir im Klaren darüber bist, dass es weniger die Bilder an sich sind, die Dich Deinem Ziel näherbringen sondern vielmehr die Emotionen, Dein Gefühl, was Du während dieser Bilder empfindest das Entscheidende auf Deinem Weg zur Wunscherfüllung sind.

Die Visualisierung kann Dir dabei helfen gesprochene Worte zu verbildlichen, sie gedanklich nachzuempfinden und dabei zeitgleich sowohl die Vernunft als auch den Verstand anzusprechen. Denn eines der Kernziele, was Du mit der Visualisierung verfolgst ist, dass Du die in Gedanken geformten Bilder sowohl für Deine rechte als auch Deine linke Gehirnhälfte verständlich werden lässt.

Also auch selbst wenn die ursprüngliche Begrifflichkeit der Visualisierung von der heutigen Sinnmäßigkeit dessen abweicht, so haben beide Verständnisse doch eines gemeinsam...

Nutzt Du Visualisierungen ganz gezielt, so kannst Du mit ihnen auch die Aufmerksamkeit des Betrachters lenken und ihn mit in Deine Gedanken einbeziehen.

Bei beidem geht es im Grunde genommen darum, dass Menschen ihre Ergebnisse, Ideen, ihre Ziele und vor allem auch ihren Weg zur Erreichung dergleichen sichtbar machen – ob nun für sich selbst oder auch für andere.

Die Visualisierung und ihr Einsatz in der Psychologie

Innerhalb der Psychologie geht es bei der Visualisierung, die hier auch als Imagination bezeichnet wird, um eine Möglichkeit Bilder der Vergangenheit also vergangene Erfahrungen wieder hervorzurufen. Somit werden bei den Personen ganz gezielt alte Emotionen und auch Körperreaktionen noch einmal wiederholt. Das Ziel bei diesen sogenannten Imaginations- oder auch Vorstellungsübungen liegt darin, durch die zu Tage beförderten alten Emotionen und Reaktionen neue Verhaltensweisen zu erlernen und belastende oder auch schmerzliche Zustände der Vergangenheit zu lindern. Vor einer jeden Imaginations- beziehungsweise Vorstellungsübung ist es in der Psychologie durchaus ratsam ein Entspannungsverfahren einzuleiten damit die Übungen ihre volle Wirksamkeit entfalten können.

Allerdings sind durch die Imaginationsübungen auch durch einen Therapeuten geführte Phantasiereisen möglich, in denen durch Landschaften wie einer Blumenwiese oder dem Strand ganz bewusst Bilder im Kopf der reisenden Person geschaffen werden, die durch die positive Verknüpfung Entspannungszustände erwachen lassen können.

Grundsätzlich sind für Vorstellungsübungen jedoch nicht zwingend Therapeuten von Relevanz, denn letztlich verwenden die meisten Personen diese ohnehin in unterschiedlichem Ausmaß täglich... Immer in genau solchen Augenblicken, in denen sich an negative aber auch positive Erfahrungen aus der Vergangenheit zurückerinnert wird und dabei Bilder vor dem inneren Auge zum Vorschein kommen. Nicht selten ist es dann auch zeitgleich der Fall, dass die aufkommenden Bilder noch weiter ausgemalt werden in Gedanken, wie es denn sei, hätte man das gewünschte Ziel erreicht, was dazu führt, dass nicht nur die Kreativität gesteigert sondern auch das Durchhaltevermögen motiviert wird.

Anwendung findet die Imagination in der Psychologie aber auch vor allem dann, wenn bei den Betroffenen Angstzustände vorliegen, sie unter chronischen Schmerzen oder einer posttraumatischen Belastungsstörung leiden, sie mit Schlafstörungen zu kämpfen haben oder sogar begleitend zur Krebsbehandlung.

Die Visualisierung kann also ganz gezielt in der Psychologie eingesetzt werden, denn nicht umsonst gilt sie als eines der einflussreichsten Werkzeuge wenn es um die Erschaffung geht. Wendest Du die Visualisierung richtig an, so ist es

Dir sogar möglich Dein Leben nach Deinen Wünschen und Zielen zu gestalten. Das liegt vordergründig daran, dass Dein Gehirn überhaupt nicht in der Lage ist die Unterscheidung zwischen der Wirklichkeit und Deiner reinen Vorstellung zu treffen. Um das, was Du Dir also wünschst, wirklich anziehen zu können ist es unabdingbar, dass Du die Visualisierung solange einsetzt und immer wieder wiederholst bis Du selbst der Überzeugung bist, dass Deine Vorstellungen sich für Dich nun vollkommen real anfühlen. An diesem Punkt kannst Du Dir dann in Dein Gedächtnis rufen, dass Deine bisherige reine Vorstellung durch die Visualisierung in Dein Unterbewusstsein infiltriert ist und Du mittels des Gesetzes der Anziehung schon bald erste Erkenntnisse in Deinem wahren Leben erfahren kannst.

Was passiert während der Visualisierung im Gehirn

Das menschliche Gehirn hat viele verschiedene Funktionen und reagiert auch während der Visualisierung auf unterschiedliche Aspekte.

Innerhalb der Visualisierung stellst Du Dir mit Deiner Gedankenkraft über mehrere Wochen gewisse Situationen vor, Du erschaffst Deine eigenen Wünsche, Ziele und Träume. Sobald Du diese Gedanken täglich in Dein Leben miteinbeziehst und sie immer wiederholst, entstehen in Deinem Gehirn wissenschaftlich erwiesen sogenannte neuronale Verbindungen.

Diese neuronalen Verbindungen sorgen in ihrer Konsequenz dafür, dass Deine Gedanken und Deine eingefahrenen emotionalen Muster sich verändern und Du mit der Zeit eine Veränderung in Deinem Leben wahrnehmen kannst.

Die Gedanken, die Dich zu den neuronalen Verbindungen gebracht haben, sorgen dafür, dass sich diese Gedanken in Dir fest verankern und die Chance ihrer Erfüllung enorm ansteigt.

Stellst Du Dir also beispielsweise jeden Tag vor, wie Du im Fitnessstudio für Deine Muskeln trainierst ohne dabei auch nur ein einziges Mal wirklich in das Fitnessstudio gegangen zu sein, so werden Deine Muskeln mit der Zeit tatsächlich beginnen zu wachsen.

Der Grund dafür liegt in den bereits erwähnten neuronalen aber auch biochemischen Prozessen, die durch die Visualisierung eben ganz gezielt ausgelöst werden. Denn jede Tätigkeit, der tatsächlich physisch nachgegangen wird, aktiviert im menschlichen Körper die neuronalen Netze – wird die Tätigkeit nun hingegen nur alleine in den Gedanken verfolgt, also mit der reinen Visualisierung gearbeitet, so verarbeitet der Körper diesen Prozess jedoch im selben neuronalen Netz wie die physische Tätigkeit. In der Folge sorgt das dafür, dass das Gehirn nicht mehr in der Lage ist, den Unterschied zwischen der physischen oder rein psychischen Tätigkeit wahrzunehmen.

Das wiederum bedeutet, dass sobald die Visualisierung im Gehirn einsetzt, der Körper diese Signale umsetzt und die Zellen selbige empfangen. Aus den empfangenen Signalen erschaffen die Zellen dann eine physische Realität, die im Grunde genommen nicht existent ist, und sorgt für die Zielerreichung des Gedachten.

Außerdem besteht das menschliche grundsätzlich aus zwei Hemisphären also Gehirnhälften, bei der jede von ihnen eine eigene funktionelle Autonomie besitzt.

Die rechte Gehirnhälfte ist dabei dafür verantwortlich, dass Bilder und Gefühle wahrgenommen werden und der Mensch intuitiv sein kann. Im Gegensatz dazu hat die linke Hemisphäre ihre Zuständigkeit im Speichern von Zahlen und Worten sowie der Analyse und Kombination. Allerdings können die Gehirnhälften von Mensch zu Mensch unterschiedlich stark ausgeprägt sein, was in der Konsequenz dafür sorgt, dass es einigen Personen leichter fällt sich Informationen schnell zu merken als es bei manch anderen der Fall ist.

So ist es grundsätzlich so, dass Bilder, bei denen ein Denken nicht erforderlich ist, lediglich die rechte Gehirnhälfte ansprechen, denn in ihr werden die Emotionen getriggert.

Um ein Bild weiterverarbeiten zu können ist die linke, logische Gehirnhälfte von hoher Relevanz, denn erst mit ihr werden Gefühlszustände des bekannten Aha-Effektes hervorgerufen.

Es ist allerdings so, dass beide Gehirnhälften auch vollkommen unabhängig voneinander in ihrem jeweiligen Bereich funktionieren können. Damit jedoch auch eine gemeinsame Funktion möglich ist besitzt jeder Mensch einen recht dicken Nervenstrang, den sogenannten corpus callosum, welcher die beiden Gehirnhälften miteinander verbindet.

Um Informationen also gut verarbeiten und speichern zu können ist es unumgänglich beide Gehirnhälften gleichermaßen anzusprechen. Aufgrund dessen ist es ratsam mit unterschiedlichen Kommunikations- und Vermittlungsprozessen zu arbeiten um die unterschiedlichen menschlichen Eingangskanäle ganz bewusst zu nutzen.

Wie eingangs erwähnt gibt es unterschiedliche Lerntypen, was dazu führt, dass es vollkommen individuell ist, welche Kommunikations- und Vermittlungsprozesse nun die richtigen für eine jede Person sind um die Informationen angemessen vermitteln und speichern zu können.

Allgemein gilt jedoch – die Aufmerksamkeit und Konzentration wird durch den Einsatz von optischen Darstellungen durch Visualisierungen enorm angehoben und die Merkfähigkeit wird gesteigert, was in der Folge dazu führt, dass zeitgleiche akustische und optische Informationen besser im Gehirn gespeichert werden.

Das zeigen auch Studien, die wiedergeben, wie hoch der Prozentanteil der gemerkten Information durch die Anwendung einzelner Eingangssignale ist.

Werden Informationen beispielsweise lediglich durch das Lesen eines Textes eingeprägt, so werden nur 10% der Informationen gespeichert. Wenn in diesem Zusammenhang dann die Visualisierung angewandt wird, so prägen sich immerhin 20% der Informationen ein. Bei der Verwendung eines Flipcharts zur Informationsverarbeitung liegt der Anteil der eingeprägten Informationen bei rund 30%, während der Anteil durch das Unterhalten über die Informationen bei sogar etwa 80% liegt. Am höchsten liegt die Quote der gespeicherten Informationen mit ganzen 90% jedoch, wenn die Inhalte direkt angewendet und zugleich visualisiert werden.

Die Nutzung der Visualisierung

Die Nutzung der Visualisierung ist durchaus vielfältig. So gibt es einige Prinzipien der Visualisierung, mithilfe derer ein Bild eine gewisse Botschaft vermitteln kann.

Wer die Visualisierung nutzt, der verfolgt damit die Erreichung seiner eigenen Ziele. Auf der einen Seite ist die Visualisierung bekannt dafür, dass sie beim Lernen oder auch bei Präsentation einen erheblichen Anteil ausmachen kann um die Inhalte besser vermitteln zu können – damit soll jedoch vor allem eins erreicht werden… Der Erfolg – ob im Beruf oder auch im Privatleben!

Die Visualisierung ist als eine Motivationstechnik bekannt, die starke Auswirkungen haben kann. So wird sie nicht selten auch von Coaches oder von Trainern zur Erreichung der persönlichen Ziele empfohlen.

Grundsätzlich verbirgt sich hinter der Visualisierung ein einheitlicher Gedanke – sie soll zum Einsatz kommen um ein klares, gedankliches Bild der eigenen Zielerreichung zu erschaffen, die Dich an sich bereits einen großen Schritt weiter an diese heranbringt.

Allerdings solltest Du dabei bedenken, dass das Ganze nicht zwangsläufig so einfach ist, wie es sich im ersten Augenblick anhören mag. Denn die Visualisierung kann unter Umständen auch Probleme mit sich bringen, was darin begründet ist, dass das menschliche Gehirn gelernt hat, in Bildern zu denken. Dieses bildliche Denken führt dazu, dass sich eine ganze Reihe an Bildern – fast schon ein Film – im Kopf abspielt, was die Informationen und ihre Zusammenhänge zu einer ganzheitlichen Zusammenfassung eint.

Nun kann es allerdings passieren, dass Du ständig und vielleicht sogar auf die falsche Weise visualisierst – doch dann kommt es zu einem Effekt, der eigentlich nicht durch die Visualisierung angestrebt wird. Es werden nicht selten schlimme Szenarien ausgemalt oder es kommen unbegründete Sorgen auf; Du denkst an all die Dinge, die eventuell nicht geplant laufen könnten und welches das schlimmste Szenario wäre, das auf Dich zukommen könnte.

Doch genau darin liegt der Fehler, denn je negativer Dein Denken und auch Deine generelle Einstellung werden, desto weniger gibst Du Dein Bestes. Der Großteil Deiner Handlungen wird nur noch durch die Angst geleitet.

Viel wichtiger ist es, dass Du die Visualisierung nutzt um Deinen eigenen Erfolg wirklich auskosten zu können. Dafür musst Du Dir allerdings positive Bilder in Deinen Gedanken schaffen und Dir ganz bewusst vorstellen, wie Du Dich Deinem Ziel nähern möchtest. Auf diese Weise vermittelst Du Deinem Unterbewusstsein, dass das Ganze die Realität ist und Deine Motivation sowie Dein Glaube an Dich und Deine Ziele steigen enorm an.

Um die Visualisierung richtig zu nutzen solltest Du stets eine optimistische Einstellung an den Tag legen – selbst, wenn Du einmal mit Problemstellungen konfrontiert wirst. Gib nicht direkt auf sondern glaube an Dich und Du wirst schnell merken, dass Du in der Lage bist, selbst Probleme wirklich zufriedenstellend zu lösen.

Halte Dich bei der Nutzung von Visualisierungen am besten immer an die folgenden Tipps...

Definiere Dir ein ganz klares Ziel, das Du gerne erreichen möchtest.
Es ist einer der wichtigsten Aspekte damit Du gezielt darauf hinarbeiten kannst. Umso wichtiger ist es, dass Du Dein Ziel möglichst genau umschreibst und nicht lediglich ein allgemein gehaltenes Ziel formulierst. Achte bei Deiner Zieldefinierung stets darauf es dennoch möglichst kurz zu halten und dabei die Prägnanz herauszustellen. Am besten eignet sich dafür beispielsweise ein kurzer, einprägsamer Satz, der Dein Ziel auf einen Punkt zusammenfasst.

Finde passende Bilder zu Deinen Zielen.
Sobald Du Dein Ziel formuliert hast geht es darum, dass Du Bilder oder Symbole findest, die gut zu Deinem Ziel passen und somit optimal zur Visualisierung desgleichen verwendet werden können. Als Beispiel – Du hast das Ziel in Deinem Beruf auf die nächsthöhere Position befördert zu werden, so kannst Du für die Visualisierung den Arbeitsvertrag verwenden, den Du stolz in Deinen Händen hältst. Dabei solltest Du stets daran denken, dass je aussagekräftiger, intensiver und auch stärker das ausgewählte Bild beziehungsweise Symbol für Dein Ziel steht, desto besser ist es auch für Deine Visualisierung geeignet.

Nimm die Gefühle ganz bewusst wahr, die mit der Visualisierung einhergehen.

Damit Du mit der Visualisierung ganz sicher an Dein Ziel gelangst ist es empfehlenswert, dass Du nicht ausschließlich auf Bilder setzt sondern auch Dich auch auf die entstehenden Emotionen einlässt. Sicher ist, dass Du glücklich sein wirst wenn Du Deine gesetzten Ziele erst einmal erreicht hast – es wird ein Gefühl der Erleichterung in Dir aufsteigen, weil jede Deiner Anstrengungen für die Zielerreichung sich rentiert hat und Du nun stolz das Resultat vor dir sehen kannst – alleine die Vorstellung an den Erfolg wird lauter positive Gefühle in Dir auslösen. Sobald es Dir dann gelingt, die Gefühle wirklich realitätsnah nachzuempfinden obwohl Du Dein Ziel doch eigentlich noch gar nicht wirklich erreicht hast, so steigt Deine Motivation und Du wirst noch viel intensiver auf Dein Ziel hinarbeiten, da Du weißt, dass es sich lohnen wird.

Stelle Dir die einzelnen Schritte ganz explizit vor. Nun geht es darum, dass Du Dir den genauen Weg zu Deiner Zielerreichung vorstellst. Bedenke dabei auch Aspekte wie Dinge, die unbedingt von Nöten sind um Dein Ziel überhaupt erreichen zu können und in welcher Reihenfolge musst Du bei Deinen Schritten vorgehen um wirklich sicher an Dein Ziel zu gelangen? Mit einem genauen Plan erleichterst Du Dir Deinen Weg – gehe deshalb unbedingt auch detailliert auf die einzelnen Schritte ein, die Du gehen musst.

Die Visualisierung erlernen

Wie die Visualisierung im Genauen funktioniert ist davon abhängig, welche Variante der Visualisierung angestrebt wird. So ist die Visualisierung innerhalb der Gestaltung durch eine andere Vorgehensweise auszuführen als die Visualisierung, die unmittelbar mit der Meditation im Zusammenhang steht.

Da Du jedoch erlernen möchtest, wie Du die Visualisierung effektiv und positiv in Dein Leben einbinden kannst um einen Nutzen daraus zu ziehen, gehen wir auf die zweite Art der Visualisierung ein und lassen den gestalterischen Part ein wenig zurück.

Du weißt bereits, dass die Visualisierung eine Art Motivationstechnik darstellt, die Dich Deinen Wünschen, Träumen und Zielen ein großes Stück näherbringen kann. Um dies umzusetzen und Deinen Willen umzusetzen, dass diese Dinge auch wirklich wahr werden, ist es unabdingbar, dass Du Deine Vorstellungskraft ganz bewusst nutzt. Meist ist es so, dass Du durch Dein eigenes Denken von Deiner Zielerreichung abgehalten wirst – stelle Dir also immer Dein eigenes Ziel vor, wie es in Erfüllung geht.

Die Visualisierung bringt für Dich viele Vorteile mit sich, die Du erst einmal kennen solltest, bevor Du Dich intensiver damit beschäftigst, die Visualisierung zu erlernen.

Sicherlich setzt Du Dir, wie bereits eingangs erwähnt, in Deinem Leben das ein oder andere Ziel, das Du im Laufe der Zeit erreichen möchtest. Die Visualisierung kann Dir dabei helfen, Deine Motivation auf dem Weg dorthin deutlich zu steigern indem Du Dir Dein Ziel ganz genau verbildlichst und vor Dein inneres Auge führst. Außerdem bist Du mit der Visualisierung in der Lage Deine eigene Konzentration noch einmal zu stärken. Dabei ist es wichtig, dass Du Deinen Gedanken einen genauen Weg aufzeigst damit sie nicht einfach abschweifen können und Dich von Deinem eigentlichen Ziel ablenken.

Übrigens... Sobald Du die Visualisierung wirklich richtig erlernt hast, kannst Du mit ihr sogar Deinen eigenen Gefühlszustand verändern. Du wirst in vielen Situationen dazu fähig sein, Dich selbst in einen neutralen Gefühlszustand zu versetzen, was Dich dazu bringt, Entscheidungen mit einem kühleren Kopf zu treffen und somit handlungsfähiger zu sein. Und selbst Deine Sprache wird sich durch die Visualisierung ein wenig wandeln, denn letzten Endes beginnst Du mit ihr viel in Bildern zu denken, was sich letztlich auch auf Deine Sprache überträgt. So wirst Du sehr wahrscheinlich sogar damit beginnen viel in Bildern zu sprechen, was Deine Sprache deutlich lebhafter und motivierter für Deinen Gegenüber werden lässt und Dich selbst noch sympathischer darstellt.

Die Visualisierung kannst Du nun Schritt für Schritt in Dein Leben integrieren, indem Du unterschiedliche Übungen erlernst, die Dich aufbauen. Springe jedoch niemals von Übung zu Übung und erlerne sie durcheinander sondern gehe immer erst dann zur nächsten Übung über, wenn Du die vorherige wirklich sicher beherrscht. Versuche dabei tagtäglich etwa 20 bis 30 Minuten für Dich zu üben, dann wirst Du schon bald feststellen, wie gut Du bereits mit der Visualisierung zurechtkommst.

Für die Visualisierung ist es wichtig, dass Du Dich von alten, negativen Gedankenmustern verabschiedest und neue, positivere Gedankenmuster in Dein Leben bringst. Auf diesem Weg ist Deine Chance, das, was Du dir wünschst, wirklich zu erreichen sehr viel höher als mit Deinen alten Gedankenmustern.

Beginne den ersten Schritt mit einer aufrechten und ruhigen Sitzhaltung.

Damit Du vernünftig visualisieren kannst ist es wichtig, dass Du mit Ruhe und Konzentration erfüllt bist. Zu Beginn ist es empfehlenswert, dass Du Dich zunächst einfach nur einmal 30 Minuten lang auf einem Stuhl oder Sessel hinsetzt und Dich einfach nur nicht bewegst. Zu Beginn kann es noch recht schwierig sein, doch mit der Zeit wird es einfacher – der Grund dafür, dass es so wichtig ist, dass Du zunächst lernst, ruhig zu sitzen ist die Kontrolle. Denn wenn Du nicht einmal Deinen Körper kontrollieren und ihn zum ruhigen Sitzen bringen kannst, so wirst Du auch im Normalfall nicht in der Lage sein, Deine eigenen Gedanken zu kontrollieren. In der Konsequenz sorgt das dann dafür, dass Du Dir die nötigen Bilder zur Zielerreichung nicht richtig vorstellen kannst. Deshalb ist dieser erste Schritt in der Visualisierung wohl der wichtigste.

Versuche Deine Gedanken einen Moment lang anzuhalten.

Dir wird es sicherlich bekannt vorkommen, dass in Deinem Kopf immer irgendwelche Gedanken herumschwirren. Doch wenn Du den ersten Schritt erst einmal erfolgreich gemeistert hast, geht es nun darum, diese Gedanken unter Kontrolle zu bringen. Versuche für einige Zeit einfach einmal Deine Gedanken auszuschalten und an nichts zu denken, denn nur auf diesem Weg wirst Du lernen, Deine eigenen Gedanken zu kontrollieren. Wenn es Dir hilft kannst Du auch mit einem Satz, einer sogenannten Affirmation, arbeiten, die Dir dabei hilft, Dich nicht ablenken zu lassen und Deine Gedanken ganz genau zu kontrollieren. Sollte es Dir einmal nicht gelingen und Deine Gedanken beginnen, entgegen Deines Wunsches, abzuschweifen, so versuche in jedem Fall Deine Gedanken wieder unter Kontrolle zu bekommen. Das wird sicherlich gerade in der Anfangszeit öfter einmal vorkommen, doch lasse Dich davon nicht irritieren sondern mache immer weiter bis Du in der Lage bist Deine Gedanken über einen Zeitraum von etwa 10 Minuten zu kontrollieren ohne dass sie beginnen abzuschweifen.

Als nächstes solltest Du Dir ein Bild vorstellen, welches Dir bereits bekannt ist.
Erinnere Dich an ein Bild oder auch einen Film von einer Situation, die Du bereits einmal erlebt hast. Dabei kann es sich um ein Gespräch handeln, um einen Urlaub oder um etwas anderes – wichtig ist dabei jedoch, dass es von dir mit etwas Positivem verbunden wird. Versuche die Situation in Deinem Kopf noch einmal so nachzuempfinden, wie sie gewesen ist und nimm dabei ganz intensiv deine Gefühle und Gedanken wahr.

Frage Dich nun, was Du in Deinem Leben überhaupt alles erreichen möchtest.
Jeder Mensch hat in seinem Leben Wünsche, Träume und Ziele. Überlege Dir, was genau Du

erreichen möchtest – versuche zu Beginn erst einmal kleine Wünsche in Dein Gedächtnis zu rufen wie beispielsweise eine Beziehung, ein gewisses Kleidungsstück oder auch einen kleinen Wochenendurlaub. Versuche Deinen Wunsch lebendig zu gestalten und ihn in Deinem Herz zu verankern.

Gestalte Deine Wünsche nun in Farben, versuche Deine Gedanken schöner auszuschmücken und sie laut werden zu lassen.
Probiere Deinen Wunsch, Deinen Traum oder auch Dein Ziel aus dem vorherigen Punkt über einen Zeitraum von mehreren Tagen zu visualisieren. Denn je länger Du Dich intensiv damit beschäftigst, desto größer wird Deine Motivation – das wiederholst Du so viele Tage bis Du dieses Ziel auch wirklich erreicht hast. Um es Dir einfacher zu gestalten solltest Du von Tag zu Tag mehr Details in Deine Wünsche einbauen, es farbiger werden lassen – versuche in Dich hineinzuhorchen und nimm die Dinge intensiv wahr. Hörst Du vielleicht etwas oder gibt es noch Dinge, die Deinen Wunsch noch schöner oder gar perfekter werden lassen könnten? Gestalte Deine Wünsche solange weiter aus bis sie detailreich sind und Du Deinen Wunsch in die Realität umgesetzt hast.

Stärke die Gefühle.
Mache Dir bewusst, dass Deine Gefühle der Antrieb bei der Visualisierung sind. Denn je intensiver Du Deine Gefühle wahrnimmst und umso stärker sie werden, desto mehr wird sich Dein

Wunsch auch in Deinem Unterbewusstsein verankern und Dich in der Folge dazu bringen, dass Du Dein Ziel noch viel schneller und unter Umständen sogar noch einfacher erreichen kannst.

Beginne zu handeln.
Viele Menschen verstehen die Visualisierung häufig falsch und nehmen an, dass das reine visualisieren bereits ausreicht um die Wünsche, Ziele und Träume zu erreichen – doch diesem Irrglauben solltest Du keinen Platz in Deinem Leben schenken. Denn nur, wenn Du Dir in Deinem Alltag die Bilder und Situationen vor Augen führst, die wirklich dazu führen, dass Du Dich Deinem Ziel näherst, wirst Du auch intensiv mit ihnen arbeiten können. Du darfst Dich niemals auf der reinen Visualisierung ausruhen sondern musst auch etwas dafür tun, dass Du Dein Ziel erreichst.
Als Beispiel... Wenn Du Dir einen Partner an Deiner Seite wünschst, Du ihn Dir sogar immer wieder mit all seinen Charakterzügen visualisierst, so mag das an sich vielleicht wirklich gut funktionieren. Allerdings wirst Du vergebens auf diesen Partner warten, wenn Du hoffst, dass er irgendwann einfach vor Deiner Tür stehen und klingeln wird. Du musst Dich schon unter Leute begeben, damit Du auch die Chance hast, Deinem Traumpartner zu begegnen.
Du wirst merken, dass Du immer wieder Impulse verspüren wirst, denen Du lediglich folgen musst. Selbst, wenn Du vielleicht in manchen Situationen eine gewisse Angst verspüren solltest – lasse Dich

niemals von ihr leiten, sonst verpasst du unter Umständen die Chance das Ergebnis Deiner Visualisierung wirklich zu erleben.

Visualisiere immer mit dem richtigen Hintergrundwissen, denn nur wenn Du die folgenden Regeln befolgst, wird Deine Visualisierung wirklich den erhofften Erfolg in Dein Leben bringen können.

Vermeide pessimistisches Denken – denke stattdessen stets optimistisch und vor allem positiv! Du wirst sicherlich selbst bereits bemerkt haben, dass Situationen in Deinem Leben nicht dadurch besser werden, dass Du sie noch schlimmer und negativer ausmalst und wahrnimmst als sie es wirklich sind und du vor allem Dich selbst und die vielen Chancen in Deinem Leben in einem negativen Licht betrachtest. Es mag sein, dass Du in irgendetwas derzeit noch nicht gut bist – ob es irgendein Sport, Kochen oder sonst etwas ist... Doch lasse Gedanken wie „Ich werde es nie können" aus Deinem Leben heraus – denke stattdessen viel eher, dass Du etwas aktuell noch nicht kannst aber Du es in einer gewissen Zeit deutlich besser beherrschst. Versuche dabei einfach daran zu denken, wie erfolgreich Du am Ende wirklich sein könntest.
Letztlich hat die Visualisierung eine ähnliche Wirkung, wie die Hypnose mit sich bringt. Denn wenn Du stets daran denkst, dass etwas in Deinem Leben nicht nach Deinen Vorstellungen funktionieren wird, dann trifft es auch ein und Du

es wird wirklich nicht so funktionieren wie es eigentlich geplant ist. Wenn Du Dich stattdessen mit positiven Ansichten auseinandersetzt, dann wirst Du nach kurzer Zeit bereits erkennen können, dass die Visualisierung weitaus effektiver wird und genau damit ist auch der erste Schritt in Richtung Zielerreichung getan. Es ist fast immer so – nicht das Ziel ist es was zählt sondern der Weg ist das Ziel – es geht also sowohl um die einzelnen Schritte auf Deinem Weg zum Erfolg als auch um den Erfolg an sich. Und Du wirst den Weg deutlich entspannter und leichter gehen können, wenn Du durch die Visualisierung positive Ansichten in Dein Leben bringst.

Lasse die Visualisierung zu Deiner Realität werden. Du wirst während der Visualisierung immer einen gewissen Zeitraum damit verbringen, Dir Dein Ziel ganz klar vor Augen zu halten und es immer wieder zu visualisieren – damit wirst Du am Ende auch die wirklichen Veränderungen in Deinem Leben bewirken können. Binde bei der Visualisierung auch immer den Augenblick mit ein bevor der tatsächliche Schritt geschieht, der Dich Deinem Ziel näherbringt.

Beispielsweise möchtest Du ein guter Baseballspieler werden – dann stelle Dir immer auch den Moment vor, in dem Dein Schläger auf den Ball trifft. Visualisiere dabei auch immer mit, wie der Ball sich seinen Weg durch die Luft bahnt und wo im Spielfeld er auf den Boden aufkommen wird. Nimm dabei auch alle Einflüsse wahr, die sich Deinen Sinnesorganen offenbaren – ob es das

Geräusch vom Aufschlag ist, das Gefühl wie stark Du den Ball mit Deinem Schläger durch die Luft katapultierst oder auch der Duft des Rasens unter Deinen Füßen.

Vergiss niemals die Ereigniskette.
Um an Dein Ziel zu gelangen muss eine Kette von Ereignissen sich aneinanderreihen. Gerade, wenn Dein Ziel ein wirklich großer Schritt ist, so erfordert es eine gewisse Zeit, viel Konzentration und auch einige Zwischenschritte bevor Du wirklich den Erfolg verspüren kannst.
Führe Dir also nicht nur den Erfolg an sich vor Augen sondern auch die vielen Zwischenschritte, die Du vorher gehen musst.

Denke an die Charakterzüge, die Du vielleicht benötigst um Dein Ziel erreichen zu können.
Unter Umständen ist es notwendig, dass Du für Dein Ziel gewisse Charakterzüge aufweist. Wenn es zum Beispiel Dein Ziel wäre der Chef eines großen Unternehmens zu werden, so würdest Du gewisse Führungsqualitäten mitbringen müssen – denke also immer an die Qualitäten, die Du für Dein Ziel brauchst. Es können die unterschiedlichsten Charaktereigenschaften sein, die gefragt sind – ob Du nun gut zuhören können oder diskutieren musst oder gar eine offene Kommunikations- oder Überzeugungsfähigkeit benötigst...
Stelle Dir in jedem Fall vor, wie Du mit diesen Charakterzügen wärst und wie Dein Handeln aussehen würde.

Versuche Dich nicht lediglich durch die Visualisierung zu motivieren sondern nutze auch die Macht der Worte.

Sicherlich sind Visualisierungen mit den damit verbundenen Bildern ein großartiger Schritt Dich Deinem Ziel näherzubringen. Doch auch die richtigen Worte können Dich motivieren – überlege Dir welche Worte angebracht sind um Dich selbst Deinem Ziel näherzubringen und wiederhole sie wenn nötig so oft wie Du sie brauchst.

Visualisiere in Situationen, in denen Du Dich wohlfühlst, Du ruhig und konzentriert bist.

Visualisierungen funktionieren in den meisten Fällen nur dann, wenn Du Dich wirklich in der Gesamtsituation wohlfühlst und Du entspannt bist. Jegliche Form von Stress ist bei der Visualisierung vollkommen fehl am Platz und führt nur dazu, dass Du Dir nicht die notwendige Zeit nehmen kannst und Dich nicht in einen friedlichen und freien Gemütszustand fallen lassen kannst.

Die Visualisierung ähnelt der Meditation in gewissen Zügen – allerdings ist die Visualisierung eine deutlich lebhaftere und aktivere Form, was dazu führt, dass Du ganz bewusst über all die Möglichkeiten nachdenken kannst, die Dir offenstehen. Genau wie bei der Meditation lässt Du allerdings auch während der Visualisierung alle unwichtigen Gedanken aus Deinem Kopf heraus um Deine volle Konzentration auf Deine Träume und Ziele legen zu können.

Am besten funktioniert das, wenn Du dabei eine bequeme Position findest und möglichst alle Ablenkungsfaktoren umgehst.

Rückschläge können vorkommen – lerne mit ihnen umzugehen.
Rückschläge kommen im Leben einer jeden Person vor, das ist überhaupt nichts Ungewöhnliches. Es ist einfach so, dass selten ein Erfolg einfach vor Dir liegt ohne dass Du auch nur einem einzigen Rückschlag unterlegen warst. Es ist vollkommen natürlich, dass Du vielleicht auch einmal Fehler machst – umso wichtiger ist es, dass Du Dich dann nicht einfach hängen lässt sondern die Situation überwindest und Dir Gedanken darüber machst, wie Du auf solche Rückschläge am besten reagieren kannst. Hinterfrage am besten täglich, was Du am heutigen Tag tun kannst um morgen ein noch besserer Mensch zu sein.

Es mag am Anfang komisch sein, doch gib der Visualisierung eine Chance.
Sicherlich kann es gut sein, dass Du Dich gerade zu Beginn seltsam fühlst, wenn Du die Visualisierung anwendest. Das ist etwas völlig normales, denn immerhin ist Dir die Visualisierung noch vollkommen fremd. Überwinde jedoch diesen Punkt und gib der Visualisierung eine reelle Chance!
Es ist wie bei so ziemlich allen Dingen im Leben – die Übung wird aus Dir den Meister formen, denn

schließlich ist noch niemand vom Himmel gefallen, der von Beginn an etwas perfekt beherrscht hat. Lasse Dich also während der Visualisierung vollkommen fallen und lasse Dich auf diese neue, ungewohnte Erfahrung ein. Mit der Zeit wird die Visualisierung zu einem festen Bestandteil Deines Leben, der Dir enorm viel erleichtern kann.

Nimm Dir Deine Ziele langfristig vor.
Es kann verlockend sein sich über Nacht ein von Grund auf besseres Leben zu wünschen – doch auf diese Weise funktioniert die Visualisierung nun einmal nicht.
Die Visualisierung ist langfristig angelegt, was für Dich bedeutet, dass Du Deine Planungen auch möglichst langfristig anlegen solltest, sodass sie nicht mit dem Grundgedanken der Erfüllung über Nacht verbunden sind.
Überlege Dir, wo Du Dich selbst in einigen Jahren siehst – wo möchtest Du beispielsweise in fünf, zehn oder fünfzehn Jahren stehen? Was möchtest Du bis dahin erreicht haben? Wie unterscheiden sich die Jahre untereinander, was hast du in zehn Jahren erreicht, was Du in fünf Jahren vielleicht noch nicht erreicht hast? Wie unterscheidet sich Dein Charakter innerhalb der einzelnen Zeitabstände?
Führe Dir Dein zukünftiges Leben mit all Deinen Charakterzügen, Wünschen, Zielen und Träumen vor Augen – und wähle dabei auch bedeutende Ziele aus.

Arbeite mit einer sogenannten Zielcollage.

Eine Zielcollage kann Dich Deinen Zielen häufig leichter näherbringen, da sie Dich dazu bringt, Deine Ziele regelmäßig zu visualisieren.
Sinnvoll ist es, wenn Du Deine Zielcollage wirklich mit Herz erstellst – verwende Bilder und Worte gleichermaßen um Deine Ziele so gut wie möglich darzustellen.
Hänge diese Collage dann am besten an einem Ort auf, an dem Du sie mehrfach am Tag siehst und Dir so immer wieder ins Gedächtnis rufen kannst, was Du in Deinem Leben eigentlich vorhast.

Das positive Denken sollte Deine Ziele beeinflussen.
Es reicht niemals aus, wenn Du nur positiv denkst – Du musst Dein positives Denken auch auf Deine Ziele übertragen. Wenn es Dein Ziel sein sollte, dass Du irgendwann beispielsweise nicht mehr der Mittelschicht angehörst, so wird das an sich niemals ausreichen.
Viel wichtiger ist es, dass Du Deine Konzentration auf deinen Willen legst und auf das, was Du bereits bist oder was Du bereits hast. Denke also stattdessen lieber, dass Du Deine finanzielle Freiheit erreichen willst.
Lege Deine Gedanken stets aktiv und vor allem in der Gegenwart aus. Am besten funktioniert es, wenn Du Dir Deinen Wunsch immer wieder vor Augen führst und ihn durch Kernaussagen und Begründungen ergänzt.
Beispielsweise kann es für einen Raucher ein Ziel sein zum Nichtraucher zu werden. Dabei ist es

empfehlenswert nicht lediglich zu denken, dass man aufhören will sondern eben auch den Grund dafür wie zum Beispiel die Auswirkung auf die Gesundheit.

Bleibe bei Deiner Visualisierung immer realistisch.
Sicherlich kann es verlockend sein sich zu wünschen irgendwann Millionär zu werden – doch so einfach ist das Ganze wiederum doch nicht. Du musst Dich und Dein eigenes Leben sehen und im optimistischen Sinne trotzdem noch realistisch bleiben.
Es ist vielleicht möglich, dass Du irgendwann Millionär wirst – doch braucht das Ganze Zeit und wird Dir innerhalb einer Visualisierung mit dem Wunsch, dass Du bereits morgen Millionär wirst, nicht viel bringen.

Und zu guter Letzt:

Führe Deine Visualisierungen immer in der Ich-Form aus.
Es bringt Dir nichts, wenn Du Deine Visualisierungen in der dritten Form ausübst, da es für Dich dann eher ungreifbar bleibt. Wenn Du in der Ich-Perspektive visualisierst, so wirst Du feststellen, dass sich Deine Wünsche und Ziele viel greifbarer, machbarer und auch realer anfühlen werden.
Stelle Dir Deine Visualisierung also nicht als Film im bekannten Sinne vor als wärst Du der Zuschauer, der auf die Leinwand sieht sondern nimm Deine eigene Perspektive an. Du bist nicht das Publikum sondern Du bist der Hauptdarsteller in Deinem eigenen Film.

Sei Dir darüber im Klaren – die Visualisierung ist Deine eigene Realität. Es ist das, was Du Dir vor Deinem inneren Auge erschaffst, deine Zukunft und niemand anderes hat die Macht Dein Leben zu wandeln – dafür bist Du ganz alleine verantwortlich.

Womit können wir überhaupt visualisieren?

Die Visualisierung funktioniert über die unterschiedlichsten Medien – allen gemeinsam ist der Zweck dahinter... Sie alle dienen der Darstellung, Veranschaulichung beziehungsweise Präsentation.

In erster Linie geht es innerhalb der Visualisierung darum, dass die grundliegenden Merkmale eines Inhaltes – ob einer Idee, eines Objektes oder eines Projektes – bildlich dargestellt wird und unter Umständen mithilfe einer Grafik abgebildet wird.

Der Hintergrund für die Verbildlichung eines Themas ist gerade bei komplexeren Sachinhalten, dass sie dem Betrachter auf den ersten Blick gesammelt ersichtlich und vor allem auch verständlich werden.

Doch auch während des Lernens nimmt die Visualisierung eine immer wachsendere Bedeutung an, denn eingesetzt in diesem Zusammenhang können Lernende von einem noch größeren Lernerfolg profitieren. Gut funktioniert dies beispielsweise beim Lernen von Vokabeln durch die Visualisierung da das Gehirn sich diese besser einprägen kann.

Grundsätzlich gibt es unterschiedliche Methoden und Techniken um die Visualisierung umzusetzen – dazu gehören das Aufschreiben; Cluster; Diagramme; Flipcharts; Grafiken; Illustrationen; Kanban Boards; Listen; Mindmaps; Keynote, Präsentation sowie PowerPoint; reale Gegenstände; Sketchnotes; Stammbäume oder auch Symbole.

Auch, wenn es sich im ersten Moment nicht nach einer richtigen Visualisierung anhören mag, so ist selbst das reine *Aufschreiben* eine Form derselben.
Beim Aufschreiben – ob digital oder auch klassisch – geht es darum, dass sämtliche vorhandene Daten, Gedanken, Fakten und auch Informationen auf einem Blatt Papier niedergeschrieben und auf diese Weise erst einmal grafisch dargestellt werden.
Dies kann eine gute Unterstützung beim Lernen sein wie beispielsweise bei Vokabeln, da sie das Gedächtnis trainiert.
Letztlich bringt das Aufschreiben eine gewisse Struktur und Ordnung in das noch zuvor vorhandene Chaos, was dazu führt, dass Gedanken deutlicher gedacht werden können.

Cluster sind vor allem dann eine gute Möglichkeit der Visualisierung, wenn es darum geht, entstandene Ideen assoziativ in eine gewisse Verbindung miteinander zu stellen.

Um Statistiken bildlich darzustellen sind besonders _Diagramme_ gut geeignet, wobei es davon unterschiedliche Varianten – wie das Balken-, Kurven-, Säulen- oder auch Tortendiagramm – gibt.

Flipcharts werden viel in Gruppenarbeiten eingesetzt, wenn es beispielsweise um das einfache Brainstorming geht. Bei der Verwendung des Flipcharts gibt es jedoch Regeln, die stets beachtet werden sollten.
Bei der Verwendung eines Flipcharts darf jedes Gruppenmitglied eine Idee in den Raum werfen, die in einem einzigen Wort auf dem Flipchart dargestellt wird und worüber zunächst keine Diskussion oder anderweitige Kritik geäußert werden darf.
Die Reihenfolge und Anordnung der Worte auf dem Flipchart ist dabei vollkommen irrelevant solange durch Linien und Pfeile ein Zusammenhang dargestellt werden kann.
Beim Einsatz des Flipcharts kommt es nicht selten vor, dass selbst Ideen in den Raum geworfen werden, die zuvor niemand erwartet hätte, die letztendlich jedoch zu einem guten Ergebnis führen können.
Das Flipchart kann auch gut in Seminaren sowie bei Vorträgen vor einem relativ kleinen Teilnehmerkreis genutzt werden um Grafiken

darzustellen oder auch die Erläuterungen von entstehenden Fragen aufzugreifen.

Grafiken eignen sich sehr gut für die Darstellung von recht komplizierten Zusammenhängen. In vielen Fällen werden sie auch verwendet um Statistiken oder Zahlenberichte auf einen Blick verständlich darzustellen, indem die Darstellung über geometrische Formen vorgenommen wird. Der Vorteil von Grafiken liegt darin, dass sie viele Informationen enthalten, die ein Thema selbst für Unwissende leicht zugänglich gestalten kann.

Mit *Illustrationen* gelingt es einen vorhandenen Text zu erläutern oder ihn gegebenenfalls auch zu verdeutlichen. Illustrationen sind oftmals in Anleitungen enthalten, wie man sie von vielen Lampen oder auch Möbeln kennt, in denen das Produkt an sich dargestellt ist und die einzelnen Bestandteile dessen ebenfalls aufgeführt sind.

Ein sogenanntes *Kanban Board* eignet sich optimal für die Übersichtlichkeit von Aufgaben. Dabei werden Aufgaben in drei Spalten dargestellt – die Spalten umfallen dabei die Aufgabe an sich, den Status der Bearbeitung sowie eine Spalte mit der Kennzeichnung „Erledigt“ – so können Aufgaben in kurzer Zeit überblickt werden. In den meisten Fällen wird bei einem Kanban Board mit Haftnotizen oder auch Karteikarten gearbeitet, auf denen die jeweilige Aufgabe in ihrem Umfang aufgeführt ist und in der jeweilig zutreffenden Spalte angebracht werden. Kanban Boards lassen sich auch von mehreren Personen zeitgleich verwenden, dafür ist es lediglich notwendig eine Ergänzung durch Farben vorzunehmen, sodass ersichtlich ist, welche Person für welche Aufgabe zuständig ist und wie es hinsichtlich der Erledigung aussieht. Die Methode selbst ist sehr einfach aber auch sehr wirkungsvoll.

Auch *Listen* gehören zu den möglichen Methoden der Visualisierung, die nicht zu vernachlässigen sind, da sie doch sehr vielfältig eingesetzt werden können – ob beim Brainstorming oder in Form von einer Checkliste, vieles ist möglich.

Mindmaps sind vor allem aufgrund ihrer Einfachheit, Übersichtlichkeit und Struktur bekannt. Sie bieten aber vor allem einen großen Vorteil, denn sie können überall angefertigt und angelegt werden, das Einzige, was an Hilfsmitteln dafür wirklich notwendig ist, sind ein Stift und ein Blatt Papier und schon kann es losgehen. Bei Mindmaps funktioniert das Grundprinzip nach dem Hauptthema und vielen Abzweigungen, so steht das Projektthema oder ein stellvertretendes Symbol im Fokus und rundherum werden dann Neben- oder Unterpunkte aufgeschrieben. Wichtig dabei ist jedoch nicht ins Detail zu gehen sondern auf die Verwendung von Schlüsselbegriffen zurückzugreifen, von denen Linien zum Hauptthema oder zwischen den einzelnen

Schlüsselbegriffen gezogen werden um die Beziehung zwischen ihnen darzustellen. Bei Mindmaps kann auch immer zeitgleich mit mehreren Farben und auch Pfeilen gearbeitet werden um die Übersichtlichkeit und Aussagekraft zu steigern.

Bei *Keynote, PowerPoint und Präsentationen* geht es immer um ein und dieselben gemeinsamen Bestandteile – das sind Texte und ergänzend Bilder, Diagramme oder auch Symbole. Wichtig bei ihnen ist es, dass vorhandene Textpassagen nicht in ihrer Gänze übernommen werden sondern lediglich das Wichtigste herausgeschrieben und in kurzer, prägnanter aber großer Darstellung in die Präsentation übernommen wird. Sollte es einmal zu dem Problem kommen, dass es nicht anders möglich ist, als eine gesamte Textpassage zu übernehmen, so sollte unbedingt eine Gliederung verfasst werden, die sowohl Aufzählungen als auch die Überschriften enthält. Denn nur durch eine Gliederung wird es dem Betrachter in einem solchen Fall noch wirklich möglich sein vernünftig in das gegebene Thema einzusteigen und die enthaltenen Informationen auch wirklich wie angedacht aufzunehmen.
Werden Bilder, Diagramme oder auch Symbole in die Präsentation eingebaut, so sollte immer darauf geachtet werden, dass die jeweilige Präsentationsfolie auf die Menge an Publikum angepasst wird. Wird eine Präsentation für eine

breite Zuhörerschaft erstellt, so ist es ratsam weniger Bilder zu verwenden um wirklich sicherzustellen, dass auch die Personen in den letzten Reihen der Präsentation noch die nötige Aufmerksamkeit schenken.

Auch *reale Gegenstände* können der Visualisierung dienen – ob als Einstieg in ein Thema oder als Auflockerung des Gesamten. Geht es beispielsweise darum, dass ein Gartengrundstück neu gestaltet werden soll, so kann ein Obstkorb ein guter realer Gegenstand zur Einstimmung sein.

Bei *Sketchnotes* handelt es sich um eine Zusammensetzung der englischen Wörter „sketch" also skizzieren und „note" für notieren. Dabei geht es darum Notizen anzufertigen, die eine bunte Kombination aus Inhalten wie Strukturen, Symbolen, Text aber auch Zeichnungen sind. Es geht hier also nicht darum Notizen mit reinen Textinhalten anzufertigen sondern das richtige Maß zu finden zwischen Text und der Darstellung dessen durch Grafiken oder Zeichnungen. Dabei müssen nicht zwingend bereits vorhandene Formen gewählt werden sondern vielmehr können auch eigene, neu kreierte Formen, Symbole oder andere grafische Mittel verwendet werden um die Individualität jeder einzelnen Notiz herauszustellen.

Stammbäume sind sicherlich eine bekannte Art der Visualisierung. Bei ihnen geht es um die bildliche Darstellung von Hierarchien – ob nun die Familien-, die Firmenhierarchie oder Ober- und Unterbegriffe.

Eine andere Methode für die Visualisierung sind *Symbole*, bei deren Verwendung stets darauf geachtet werden sollte, dass die dahinterstehende Bedeutung geläufig ist. Ein gutes Beispiel geben hierfür die Symbole für Frau und Mann ab.

Stress abbauen durch visualisieren

Es ist durchaus möglich mit Visualisierungen aufgrund ihrer Einfachheit und doch sehr hohen Effektivität sogar Stress abzubauen – übst Du das Ganze dann auch noch regelmäßig, so bist Du selbst zwischendurch in der Lage Dich aus einer Stresssituation herunterzufahren.

Wie hoch der Zeitaufwand für Deinen persönlichen Stressabbau durch die Visualisierung ist, ist vollkommen individuell und richtet sich in erster Linie danach, wie viel Zeit Du in diesem Augenblick hast und ob Du bereits fortgeschritten oder noch Anfänger in diesem Gebiet bist. Empfehlenswert sind für den Stressabbau jedoch täglich rund 15 bis 30 Minuten um die Wirkung in ihrer Effektivität wirklich spüren zu können. Sobald Du das Ganze über einen Zeitraum von etwa zwei bis drei Wochen täglich in Dein Leben integriert hast, so wirst Du feststellen, dass der Stressabbau unter

Umständen sogar innerhalb von nur fünf Minuten funktionieren kann – wobei allerdings der erwünschte Entspannungseffekt ein wenig verloren geht. Deshalb bleibt es ratsam auch nach diesem Zeitraum Dir täglich 15 bis 30 Minuten für Dich ganz persönlich Zeit zu nehmen um ein wenig entspannen zu können.

Am besten begibst Du Dich an einen Ort, der möglichst wenige Ablenkungsmöglichkeiten bietet. Schalte Dein Telefon aus und sorge dafür, dass Deine Kinder für einen Moment nicht hereinkommen. Nimm Dir eine Matte oder alternativ ein Meditationsbänkchen beziehungsweise Meditationskissen zur Hand und mache es Dir darauf gemütlich. Sollte es Dir lieber sein kannst Du Dich auch auf einem Stuhl bequem hinsetzen solange Du Dich dabei wohlfühlst. Hole Dir zusätzlich am besten auch eine Decke für den Fall, dass Dir kalt werden sollte.
Begib Dich in eine bequeme Sitzposition und achte dabei darauf, dass Du Deine Schultern ein Stück weit nach hinten ziehst damit sich Dein Brustraum öffnet und beachte eine gerade Wirbelsäule.
Mache dann Deine Augen zu und konzentriere Dich auf eine tiefe und gleichmäßige Atmung. Beginne dann damit Dir Deinen persönlichen Wohlfühlort vorzustellen…
Dafür kannst Du Dir beispielsweise vorstellen, wie Du Dich an einem schönen Strand befindest und dabei den Wellen zusiehst und ihrem Rauschen lauschst. Du wirst alleine durch diese Vorstellung

schnell feststellen, dass Dein Stress ein wenig von Dir abfällt.
Betrachte Deinen Wohlfühlort ganz genau und präge Dir all Deine Sinneswahrnehmung ein – das, was Du spürst, was Du hörst, was Du siehst, was Du riechst, was Du schmeckst…
Genieße für eine Weile, dass Du Dich an Deinem Wohlfühlort befindest und nimm die entstehende Entspannung für Dich ganz bewusst wahr. Halte Deine Entspannung fest und tauche wieder aus Deinem Wohlfühlort auf sobald Du Dich dazu bereit fühlst. Achte dafür auf eine ganz bewusste Atmung und kehre ganz langsam in die Wirklichkeit zurück.

Bei Visualisierungen handelt es sich demzufolge um mentale Projektionen. Der Effekt des Stressabbaus kommt dabei dadurch zustande, dass das Gehirn mit solch entspannten Ausflügen durchweg positive Gefühle in Verbindung bringt. Dabei findet letztlich allerdings noch eine Unterscheidung statt zwischen dem wirklich stattfindenden Ausflug und der detaillierten Visualisierung desgleichen.

Grundsätzlich ist es jedoch möglich, dass Du Deinen gesamten Gefühlszustand durch die Visualisierung lenkst und schnell in einen Zustand der Entspannung geraten kannst – sofern Du es denn möchtest.

Am besten funktioniert der Stressabbau allerdings dann, wenn der Stressauslöser selbst erst einmal gefunden wird, denn erst dann kann ganz gezielt an diesem gearbeitet werden. Was den Stress in der einzelnen Person auslöst ist dabei vollkommen individuell – die eine Person bringt es schon völlig in Stress, wenn sie eine Telefonnummer heraussuchen muss, die andere Person bringt es in eine Stresssituation wenn beispielsweise notwendiges Büromaterial gerade nicht griffbereit ist.

In diesem Zusammenhang ist es also erst einmal ratsam, dass Du Dir ganz genaue Gedanken darüber machst, welche Situationen Dich in Stress verfallen lassen damit Du diese dann auf einem Blatt niederschreiben und sie visualisieren kannst.

Meist vertragen sich Stress und klare Strukturen nicht sonderlich gut, weshalb es wichtig ist, dass Du Ordnung und Struktur in Dein Leben bringst. Entferne also jegliches Chaos aus Deinem Leben und bringe stattdessen Ordnung hinein um dem Stress zu entgehen. Sobald Du erst einmal eine gewisse Ordnung und Struktur in Deinem Leben integriert hast wirst Du merken, dass beides deinen Kopf freihält und Deine Konzentration plötzlich viel höher ist und selbst der Frust gehört der Vergangenheit an.

Die Visualisierung in der Meditation

Der Einsatz von Visualisierungen in der Meditation findet vordergründig dann statt, wenn es darum geht die Erfüllung Deiner eigenen Wünsche voranzubringen. Eine Grundvoraussetzung dabei bildet die Ruhe und Entspannung, die in diesem Augenblick herrschen muss.

Es gibt natürlich unterschiedliche Anwendungsbereiche, die somit auch mit unterschiedlichen Methoden der Entspannung verbunden werden – dabei gibt es verschiedene Atemübungen, Joga, Mantra oder das einfache Zählen von null bis zehn.
Die Entspannungsübungen sind in diesem Zusammenhang dafür da Dein Bewusstsein in einen Zustand zu versetzen, innerhalb dessen die Neuronen in Deinem Gehirn verlangsamt arbeiten. Denn erst in diesem sogenannten Zustand des Alpha-Level ist der Mensch dazu in der Lage die Visualisierung in lediglich fünf Schritten zu beginnen.

Im ersten Schritt geht es um die Erstellung von Illusionen, denn letztlich ist die Funktionalität von Filmen deutlich höher als die von reinen Bildern. Innerhalb dieser Illusionen wird dann ein Film erschaffen, indem unterschiedliche Charaktere aufeinandertreffen, sie verschiedene Gesten darstellen und sie sich miteinander unterhalten.

Danach geht es um das Einnehmen der Ich-Perspektive, denn eine andere Perspektive würde nicht den erwünschten Erfolg bringen. Mache Dich selbst also zum Hauptdarsteller in Deinem Film, denn es sind schließlich Deine Gedanken,

Illusionen und auch Deine Wünsche, die es zu erfüllen gilt.

Nimm ganz bewusst auch jedes Deiner Sinnesorgane in Deinem Film auf – achte auf die unterschiedlichen Geschmäcker, Geräusche, Gerüche, Oberflächen und Umgebungen um Dich herum.

Halte ein Bild aus Deinem ganz persönlichen Film fest, welches Du in dir verankern kannst. Dieses Bild kannst Du dann immer in Dein Gedächtnis hervorrufen, wenn Du es gerade benötigst.

Im letzten Schritt solltest Du unbedingt damit beginnen die Visualisierung zu einem festen Bestandteil Deines Alltags werden zu lassen. Binde es in Deine gewohnte Umgebung ein, lasse Deine Vorfreude auf das Erreichen Deines Zieles jedoch niemals weichen.

Wenn Du noch weitergehen möchtest, dann kannst Du auch sogenannte Chakren visualisieren. Diese Visualisierungsübung kann Deine Energie und Deine Konzentration in ein bestimmtes Chakra versetzen – doch auch hier gilt: aller Anfang ist schwer. Lasse Dich von Rückschlägen nicht direkt verunsichern und mache immer weiter, denn irgendwann wird es funktionieren.

Bei Chakra-Übungen kommt es vor allem auf die Reihenfolge der Aktivierung an, so solltest Du immer von unten nach oben vorgehen – das bedeutet Du beginnst mit der Energie im ersten

Chakra, beförderst sie dann ins zweite Chakra und aktivierst sie dann im dritten Chakra. Bei jedem Chakra solltest Du immer nach dem folgenden Prinzip vorgehen.

> Versuche zunächst Kontakt zum Chakra aufzubauen.
>
> Sobald Dir dies gelungen ist, beginne damit möglichst viele Komponenten in eine etwa drei- bis zehnminütige Übung mit einzubauen.
>
> Höre im Anschluss in Dein Inneres und sei ehrlich zu Dir ob Du eine Veränderung wahrnehmen kannst oder nicht.

Gerade zu Beginn ist es nicht unwahrscheinlich, dass Du noch keine Veränderung wahrnehmen wirst. Doch liegt der Schlüssel in der Wiederholung, denn je länger Du versuchst die Übung zu verfolgen, desto eher wirst Du Deine Chakren klar fühlen können. Die Übungen sind im Übrigen auch dazu geeignet in Deinen normalen Alltag eingebaut zu werden und ein unter Umständen geschwächtes Chakra wieder zu stärken.

Welche Chakren Du ansprechen möchtest ist situationsabhängig. Wenn Du kurz davor stehst ein wichtiges Gespräch zu führen oder eine Rede vor einer Gruppe von Personen zu halten, so ist es ratsam, dass Du Dein Vishuddha-Chakra stärkst. Im Falle von Müdigkeit und dem nötigen Aufschwung solltest Du Dein Manipura-Chakra aktivieren. Bist Du hingegen in einer Situation, in der Du besonders beharrlich oder auch standfest sein musst, so sprich am besten Dein Muladhara-Chakra an.

Grundsätzlich gilt – Chakren können von jedem erlernt und auch selbst ausgeführt werden, der wirklich regelmäßig daran übt und der seine Konzentrationsfähigkeit konstant weiterbildet.

Zwei wichtige Schritte, die jeder Chakren-Übung vorausgehen sind die Vorbereitung und das Ankommen.

Innerhalb der Vorbereitung ist es vor allem wichtig, dass Du eine korrekte Sitzhaltung einnimmst, das heißt, dass Du vor allem entspannt und auch gerade sitzt. Achte dabei darauf, dass Deine Wirbelsäule eine Senkrechte zum Erdmittelpunkt bildet. Denn nur durch die korrekte Sitzhaltung ist es tatsächlich möglich, dass Dein eigenes und das Erdmagnetfeld sich aufeinander abstimmen und Dein eigener Energiefluss auf diesem Wege profitieren kann.

Um die aufrechte Sitzhaltung einzunehmen kannst Du unterschiedliche Sitzpositionen wählen – Du kannst zum Beispiel kreuzbeinig oder auf einem Sitzmöbel Deiner Wahl Platz nehmen. Wichtig ist, dass Du vordergründig auf Deine Wirbelsäulenhaltung achtest, im Notfall kannst Du die kreuzbeinige Position auch vernachlässigen. Nimmst Du auf einem Stuhl Platz, so solltest Du darauf achten, dass Du mit geradem Rücken darauf sitzt – das bedeutet Dich nicht anlehnst, da Dein Rücken dann automatisch eine runde

Krümmung annimmt. Sitze dementsprechend eher auf dem vorderen Teil Deines Stuhls um beide Füße auf dem Fußboden oder alternativ einer Fußbank abstellen zu können.

Damit Du wirklich intensiv in die Meditation eintauchen kannst ist es notwendig, dass Du Dich durch Deinen Atem entspannst. Das bedeutet lasse Deine Atmung einfach fließen während Du in Deiner entspannten Sitzposition bist. Versuche dabei Dein Ausatmen immer langsamer zu gestalten bis zu dem Punkt, an dem Deine Ausatmung doppelt solange andauert wie es beim Einatmen der Fall ist. Wenn Du magst kannst Du an diesem Punkt Deine Ausatmung noch ein Stück mehr verlangsamen.

Versuche aber nach jedem Ausatmen einen kurzen Augenblick innezuhalten bevor Du wieder einatmest. Dieser Zeitraum sollte etwa ein bis drei Deiner Herzschläge einnehmen. Du wirst dabei jedoch selbst erkennen, wann es wieder Zeit wird einzuatmen, da Dein Körper Dir einen Impuls gibt. Warte einfach mit dem Einatmen ab, bis sich dieser Impuls bei Dir einsetzt und beginne anschließend auch für Dein Ausatmen auf diesen Impuls zu warten. Auf diese Weise überlässt Du Deine Atmung gänzlich der natürlichen Steuerung.

Sobald Du nun auch wirklich in der Meditation angekommen bist, kannst Du damit beginnen, Deine Chakren ganz gezielt anzusprechen.

Das *Element Erde* und das sogenannte *Muladhara-Chakra*:
Um das Muladhara-Chakra zu aktivieren solltest Du damit beginnen Dir einen Fels in der Brandung vorzustellen oder eine Eiche, die unzählige Jahre alt ist und deren Wurzeln bereits fest im Boden verankert sind...

Nimm Dich danach ganz intensiv selbst wahr – achte auf die Ruhe und die innere Festigkeit, die sich durch diese Übung in Dir ergeben. Du wirst eine innere Stille verspüren, lasse sie noch ein wenig in Deinem Inneren bevor Du sie gehen lässt.

Führst Du die Übung ganz bewusst zusammen mit Deiner Selbstwahrnehmung durch, so kannst Du Deine innere Festigkeit noch ein wenig mehr verwurzeln. Außerdem wirst Du erkennen, dass Du vielen Situationen viel ruhiger und gelassener gegenüberstehst. Und wenn Du genau diese Übung regelmäßig in Deinen Alltag integrierst, desto mehr Festigkeit, Ruhe und Stabilität wirst Du in Dir merken. Du wirst sogar selbst kontrollieren können, wann Du dieses Chakra einsetzt, was Dir viel Aufregung und auch Energie hinsichtlich einiger Situationen ersparen kann.

Das *Element Wasser* und das sogenannte *Swadhisthana-Chakra*:
Um das Swadhisthana-Chakra zu aktivieren, stellst Du Dir am besten einen Wasserfall vor, wie das Wasser laut und schwungvoll in die Tiefe

stürzt oder auch einen breiten Fluss, der als Zuträger von großen Wassermaßen ins Meer agiert.

Konzentriere Dich nun auf Dein inneres Fließen und werde Dir darüber bewusst, wie geschmeidig die Kraft ist, die Du mit dem Swadhisthana-Chakra erhältst. Nimm auch ganz besonders die Stimmung wahr, die sich in Deinem Inneren ausbreitet und lasse sie noch eine Zeit lang in dir verweilen.

Aus dem Swadhisthana-Chakra ergibt sich durch die Kombination der Übung und Deiner eigenen Achtsamkeit eine stärkere innere Kraft in Dir und Du nimmst die Geschmeidigkeit deutlich war. Durch diese Übung lernst Du flexibler zu werden und unerwartete Situationen nimmst Du nicht mehr zwangsläufig als herausfordernde Situationen oder gar Problemfällen wahr sondern wirst Dir darüber im Klaren, dass es sich lediglich um eine Änderung Deines ursprünglichen Plans handelt. So werden solche Situationen Dir künftig nicht mehr Deine Kräfte rauben und Du ersparst Dir viele An- und Verspannungen. Stattdessen wirst Du Dich zu einem deutlich zuversichtlicheren Menschen weiterentwickeln, wirst auf andere Menschen zugehen und sogar auf ihre Bedürfnisse eingehen ganz ohne dabei Dich selbst vernachlässigen zu müssen.

Das *Element Feuer* und das sogenannte *Manipura-Chakra*:

Um das Manipura-Chakra zu aktivieren ist es Deine Aufgabe eine Kerzenflamme zu visualisieren, die ihre gesamte Umgebung aufhellt und die dabei ein Zusammenspiel mit Deinem Manipura-Chakra bildet, wodurch Du sowohl das Licht als auch die Wärme der Kerzenflamme in Deinen Bauch hinein ein- und wieder ausatmest. Oder visualisiere die Sonne wie sie auf Deinen Bauch strahlt und auch ihre Umgebung in ein wärmendes Licht eintauchen lässt. Nimm die Sonnenstrahlen und die damit verbundene Wärme ganz intensiv auf Deinem gesamten Körper wahr, denn sie stellt nichts anderes dar als Deine Lebensenergie – während die Sonne die Energiequelle für den gesamten Planeten darstellt bist du ebenfalls eine Energiequelle.

Werde Dir während der Übung über das in dir lodernde, innere Feuer im Klaren, denn dieses Feuer besitzt die Kraft Dinge in Deinem Leben zu verändern. Wenn Du Dich darüber hinaus auf die Stimmung konzentrierst, die entstanden ist, dann lasse sie noch für eine ganze Weile in Dir, intensiviere sie noch einmal indem Du tiefer in sie eintauchst und nutze diese Stimmung für Deinen Alltag.

Die Kombination aus der Konzentration auf Dich selbst und der Übung lässt Dich mehr und mehr Deine eigene Kraft erkennen Dinge grundlegend zu verändern und somit auch neuen Schwung hineinzubringen. Du wirst in der

Lage sein, diese Kraft jederzeit ganz intensiv wieder hervorzurufen und sie sogar noch zu verstärken. Mit der Zeit wird Deine Ausdauer sich verbessern und Du wirst Dein Leben intensiver leben als Du es je zuvor getan hast und somit selbst sich ergebende Hindernisse nicht mehr als Blockade ansehen sondern vielmehr an ihnen wachsen. Denn sobald Du an diesem Punkt angelangst und die Hindernisse als positiv erachtest, so wirst Du einen immer erfolgreicheren Weg einschlagen und Dir somit zugleich viel Frust und vor allem auch Leid ersparen. Außerdem hörst Du damit auf Dich selbst auszubremsen sondern nutzt Deine Energie viel sinnvoller indem Du sie für Dein Wachstum aufwendest. Du wirst sehen Du wirst mit der Zeit immer stärker.

Das *Element Luft* und das sogenannte *Anahatha-Chakra*:
Aktiviere das Anahatha-Chakra indem Du Dir vorstellst, wie Du im Frühling in einer schönen Landschaft stehst und der Wind sanft umherweht, wie er sanft über Deine Haut und durch Dein Haar streift oder wie er die Blätter an den Bäumen leise zum rascheln bringt.

Das Anahatha-Chakra lässt Deine Herzensenergie hervorkommen, es lässt Dich Deine Kraft, Deine Liebe ausstrahlen. Lasse dabei auch die besondere Stimmung, die entstanden ist, in Deinem Geist verweilen und sich ein wenig ausbreiten.

Die Kombination aus der Konzentration auf Dich selbst und der gleichzeitigen Übung lernst Du eine gewisse Herzlichkeit auszustrahlen und andere Personen nicht nur noch oberflächlich sondern vielmehr auf Herzensebene zu berühren. Du wirst immer freundlicher, herzlicher und kannst dadurch schon nach kurzer Zeit erkennen, dass andere Menschen ganz anders auf Dich zukommen werden. Sie werden Dir ebenfalls mit Freundlichkeit begegnen und Du kannst Dich über ein hilfreiches Miteinander erfreuen. Sobald Du also dazu fähig bist, die Freundlichkeit auch in anderen Personen zu erwecken, die ohnehin in ihnen steckt, sie sie aber vielleicht vergessen haben, so wirst du schlussendlich nur noch freundlichen Personen begegnen und Dir auf diesem Weg viel Unfreundlichkeit und auch Streitigkeiten ersparen und somit die eingesparte Energie und Kraft sinnvoller aufwenden.

Das *Element Raum* und das sogenannte *Vishuddha-Chakra*:
Um das Vishuddha-Chakra zu aktivieren ist es wichtig, dass Du einen Raum visualisierst. Einen Raum, der die Menschlichkeit einnimmt, einen Raum, den die Erde einnimmt oder auch einen Raum den der gesamte Kosmos einnimmt und frage Dich dabei ganz bewusst, wie Du Dich als Raum fühlen würdest.

Werde Dir dabei über Deine Ausdehnung, Deine wahre Größe und Deine Weite im Klaren.

Letzten Endes bist Du mit jedem auf eine Art und Weise verbunden und somit ist auch jeder Mensch ein Stück weit Du und trägt einen gewissen Aspekt Deiner Person mit sich.

Die Kombination aus der Konzentration auf Dich selbst und der Übung sorgen dafür, dass Du lernst, dass Du auf einer gewissen Art und Weise mit allem verbunden bist und Du diese Verbindung ganz klar spürst und auch verstärken kannst. In Folge dessen wirst Du feststellen, dass Du einen zunehmend offeneren Charakter und ein deutlich höheres Mitgefühl anderen Menschen gegenüber entwickelst. Auf diesem Weg wirst Du größere Gemeinsamkeiten zwischen Dir und anderen Personen feststellen, was Dich zu einer freundlicheren und hilfsbereiteren Person werden lässt. Du lässt Deiner Herzensenergie genügend Raum um sich zu entfalten.

Das *Element Geist* und das sogenannte *Ajna-Chakra*:
Das Ajna-Chakra kannst Du aktivieren, indem Du Dir ein Licht mittig Deines Kopfes visualisierst, welches Dein Ajna-Chakra darstellt. Es leuchtet hell und strahlt vor sich hin, es ist die Kraft Deines eigenen Geistes – Du kannst jedoch auch visualisieren, dass dieses Licht mit der Zeit immer stärker und heller leuchtet sowie sich ausbreitet, was Deine Aura darstellt.

Konzentriere Dich auf Deine eigene Geisteskraft und die sich ergebene Klarheit, Du wirst eine

Fähigkeit in Dir erkennen, die Dir aufzeigt, dass Du auf der geistigen Ebene dazu fähig bist, Dich mit allem zu verbinden... Vielmehr noch, dass Du bereits mit allem und auch jedem verbunden bist.

Die Kombination aus der Übung und der zeitgleichen Konzentration auf Dich selbst erlernst Du Deine geistige Klarheit ganz bewusst wahrzunehmen und die geistige Verbindung noch zu intensivieren. Du wirst schnell erkennen, dass Du Dich mit anderen Personen viel verbundener fühlst.

Das *Element Eins-Sein* und das sogenannte *Sahasrara-Chakra*:
Um das Sahasrara-Chakra zu aktivieren solltest Du einen senkrechten Strahl visualisieren, der von oben auf Deinen Kopf einstrahlt oder dass das entstehende Licht immer intensiver und heller strahlt und sich beginnt auszubreiten, was Deine Verbindung zur unendlichen Kraft darstellt.

Werde Dir über Dich selbst bewusst, über deine reine Existenz – denn es ist nicht so, dass Du nur lediglich mit allem und jedem verbunden bist. Es ist eher so, dass Du alle bist – deshalb konzentriere Dich auch auf die besondere Stimmung, die in Folge dessen in Dir entsteht, lasse sie sich ausbreiten.

Die Kombination aus der Übung und der Konzentration auf Dich selbst sorgt dafür, dass

Du Dich selbst, Dein Sein und auch Deine Einheit mit allem ganz bewusst wahrzunehmen lernst. Du wirst in der Lage sein, zu spüren, dass Du mit allem anderen verbunden bist und dieses Gefühl noch zu verstärken. Du wirst durch das Sahasrara-Chakra schnell merken, dass Du keinen Verbindungsverlust mehr verspüren wirst, da Du viel eher eine innige Verbindung zunehmend spürst.

Das Gesetz der Anziehung

Beim Gesetz der Anziehung handelt es sich grundliegend erst einmal um ein Grundprinzip des Universums. Im Grunde hat es auch eine vollkommen simple Formulierung zur Erklärung, denn das Gesetz verkörpert im Prinzip nichts anderes als die Aussage „Gleiches zieht Gleiches an".

Das Gesetz der Anziehung ist allerdings auch als das Affinitätsgesetz oder auch das Gesetz der Resonanz bekannt. Wobei die Übersetzung ins englische des Gesetzes der Anziehung so viel heißt wie „Law of attraction", was wiederum eher als Abkürzung „LOA" geläufig ist.

Ursprünglich entstammt die Begrifflichkeit des Gesetzes der Anziehung aus der US-amerikanischen New Thought Movement, also der Neugeist-Bewegung. Im Laufe des neuen Jahrtausends wurde das Gesetz dann durch die

Persönlichkeit Abraham Hicks und The Secret bekannt und auch deutlich verständlich weiterverbreitet.

Das Gesetz der Anziehung ist gerade im deutschen Sprachraum auch mit unterschiedlichen Formulierungen geläufig, zu welchen die Folgenden gehören, die Du sicherlich bereits einmal in Deinem Leben gehört hast:

> Du wirst das, woran du am meisten denkst. (John Assaraf)
>
> Du ziehst nicht das an, was du willst. Du ziehst das an, woran du glaubst, dass es wahr ist. (Neville Goddard)
>
> Gleich und Gleich gesellt sich gern.
>
> Gleiches zieht Gleiches an.
>
> So ihr nur habt, wird es euch gegeben. (Neues Testament)
>
> Uns geschieht nach unserem Glauben. (Bibel)
>
> Wem oder was ich meine Aufmerksamkeit schenke, dessen werde ich mir bewusst. (Helmar Rudolph)
>
> Wie man in den Wald hineinruft, so schallt es heraus.

Das Gesetz der Anziehung gibt es in zwei unterschiedlichen Ausprägungen. Auf der einen Seite steht die Ausprägung, dass durch eine sogenannte Gleichschwingung Dinge und auch andere Menschen angezogen werden und zum anderen besteht die Annahme, dass es lediglich möglich ist, wahrzunehmen, wozu wir Resonanz besitzen sprich folglich auch nur mit jenen in Kontakt geraten, die in Verbindung zu unserer eigenen Resonanz stehen.

Dabei wirkt das Gesetz der Anziehung vordergründig durch die eigenen Gedanken und Gefühle. Denn letzten Endes ist es so, dass das, was Du Dir vorstellst – vollkommen irrelevant ob Du es ganz bewusst oder gar unbewusst tust – von Dir wie ein Magnet in Dein Leben angezogen wird. Deine innerliche Konzentration wirkt sich im Endeffekt auf Deine äußerliche, reale Welt aus. Und je intensiver Du Deine Gedanken auslebst, desto intensiver ist in der Konsequenz auch die Anziehungskraft, die Du auf das Vorgestellte auswirkst.

Allerdings kannst Du auch nur Dinge anziehen, für die Du einen Resonanzkörper gebildet hast. Das bedeutet im Endeffekt, dass Du eine ähnliche Funktionsweise wie ein Radio besitzt. Du wirst als Radio keine Fernsehprogramme empfangen können, gegenteilig kann auch ein Fernsehprogramm nicht Teil des Radios werden.

Der Wirkungsbereich des Gesetzes der Anziehung ist allerdings ein recht großer, denn sobald Du beginnst zu denken, setzt Du das Gesetz automatisch in Kraft. Somit ist es quasi immer in Aktion ohne dass es überhaupt einmal eine Pause gibt. Allerdings spielt es weniger eine Rolle ob du positive oder negative Gedanken denkst oder in welcher Zeit – ob Vergangenheit, Gegenwart oder Zukunft – Du dies tust, denn am Ende zieht jeglicher Gedanke eine Reaktion des Gesetzes nach sich. Und die Auswirkungen verteilen sich dann auf die unterschiedlichsten Bereiche in Deinem Leben, das heißt Du wirst es sowohl in Deinem Beruf, als auch in Deinen Beziehungen, in Geldaspekten aber auch sonst in vielen Situationen ganz klar wahrnehmen können. Somit wird jeder Augenblick und jedes Erlebnis Deines Lebens beeinflusst, was dazu führt, dass Dein gesamtes Leben lediglich einen Spiegel Deiner Gedanken und Gefühle darstellt. Wenn Du also vorhast, Dein Leben zu verändern, dann solltest Du damit beginnen, Dich zu ändern.

Das Gesetz der Anziehung ist ähnlich dem Gesetz der Schwerkraft, denn es ist schlichtweg ein Naturgesetz und verfolgt damit präzise und genaue jedoch unparteiische und unpersönliche Prinzipien. Wenn das Gesetz der Anziehung also in Deinem Leben auftaucht, dann bist Du auch dafür verantwortlich, da alleine Du es angezogen hast. Wichtig ist, dass Du Dir darüber im Klaren bist, dass das Gesetz der Anziehung keinesfalls vollkommen willkürlich auf Deine Gedanken und Gefühle reagiert sondern Du es wie eine Uhr ganz gewiss und genau erwarten kannst. Und schlussendlich wirkt das Gesetz der Anziehung sich auf jeden Menschen gleichermaßen aus, Du selbst kannst höchstens die Intensität der Wirkung ein wenig kontrollieren, indem Du Dir die Fähigkeit aneignest Deine Gedanken ganz genau zu kontrollieren und Deine Gedanken mit Deinen Gefühlen zu verbinden.

Die Funktionsweise des Gesetzes der Anziehung

Das Gesetz der Anziehung reagiert sowohl auf positive als auch auf negative Gedanken, es macht zwischen beiden Gedankengängen keine Unterschiede sondern bringt höchstens das in Dein Leben, woran Du am meisten denkst. Das bedeutet in der Konsequenz, dass je mehr negative Gedanken Du in Deinem Kopf durchdenkst, desto mehr negative Ereignisse und auch Umstände wirst Du selbst in Dein Leben bringen. Wenn Du hingegen sehr viele positive Gedanken in Dein Leben lässt, so wirst Du schnell erkennen, dass Du auch überwiegend positive Ereignisse in Dein Leben ziehst.

Wichtig zu wissen ist, dass das Gesetz nicht in der Lage ist zu sehen, ob es sich bei einem Umstand oder Gedanken um etwas Gutes oder doch eher um etwas Schlechtes handelt. Begründet liegt das in der Tatsache, dass das Universum selbst neutral ist und somit auch keine wertende Funktion einnimmt – entgegen dem Menschen selbst. Denn Menschen werten so, wie sie es für richtig halten. Das Universum hingegen ist somit eher funktional ausgerichtet, da es jede subjektive Wertung frei zulässt und sie für die einzelnen Personen jeweils als wahr gelten lässt.

Ob Du glaubst, Du kannst es, oder ob Du glaubst, Du kannst es nicht: Du hast recht.
- Henry Ford

Neben der Unterscheidung zwischen positiven und negativen Gedanken macht das Universum auch keinen Unterschied zwischen bewussten oder unbewussten Gedanken. Da jedoch eine Vielzahl der Menschen sich gar nicht bewusst sind, dass es das Gesetz der Anziehung gibt, üben sie es überwiegend unbewusst aus, was dazu führt, dass sie nicht selten viele negative Gedanken in sich manifestiert haben und sie in der Konsequenz auch sehr viele negative Ereignisse in ihr Leben ziehen.

Wenn Du jedoch in Deinem Leben Deine Träume erreichen möchtest, dann solltest Du Wert darauf legen, Deine Gedankengänge ganz bewusst zu führen. Eine Hilfe kann Dir dabei auch die Meditation sein, da sie eine Unterstützung ist um Deine Gedanken einzufangen und die Kontrolle über sie zu erlangen. Auch Affirmationen können ein guter Weg sein damit Du ganz bewusste Gedankengänge in Deinem Leben integrierst.

Dabei solltest Du bereits beim Aufwachen denken – denn nicht selten sind die ersten Gedanken nach dem Aufstehen nicht unbedingt positiver Art. Oftmals ist man unmotiviert überhaupt aufzustehen, würde gerne weiterschlafen – doch sobald Deine ersten Gedanken des Tages bereits negativer Art sind, ist es nicht unwahrscheinlich, dass Du an diesem Tag in einen generellen negativen Gedanken- und Gefühlsstrudel gelangst, was dazu führt, dass Du Negatives in Dein Leben ziehst. Starte Deinen Tag also unbedingt mit positiven und freudigen Gedanken. Dafür kann es empfehlenswert sein, dass Du Dir bereits nach dem Aufwachen Gedanken darüber machst, wofür Du in Deinem Leben dankbar bist. Denn gerade diese Gedanken können Dich in eine positivere Gesamtstimmung versetzen und somit eine positive Kettenreaktion nach sich ziehen und Du somit auch die positiven Ereignisse in Deinem Leben wahrnehmen.

Was sind Affirmationen

Die ursprüngliche Definition von Affirmationen ist denkbar simpel, denn eine Affirmation ist laut dieser nichts anderes als eine bejahte Aussage, sprich einem positiv formulierten Satz.
Die Begrifflichkeit der Affirmation stammt aus dem Lateinischen „affirmatiō“, was übersetzt so viel

bedeutet wie „Beteuerung“ oder auch „Versicherung“.

Um die Affirmation nun zu dem werden zu lassen, was es heute ist, fehlen der ursprünglichen Definition genau zwei Aspekte – der Zielfokus und die Wiederholung.
Der Zielfokus behandelt dabei den Aspekt, dass eine Affirmation mit einem eindeutigen Ziel und somit einer klaren Richtung behaftet sein muss.
Die Wiederholung wiederum ist wichtig, da es sich bei Affirmationen nicht lediglich um etwas EInnmaliges handelt sondern um Sätze, die über einen längeren Zeitraum regelmäßig wiederholt werden.

Bei Affirmationen handelt es sich also um einfache Sätze, die ganz klar aber zeitgleich positiv formuliert sind. Ob sie laut oder leise ausgesprochen werden spielt dabei keine Rolle, der Zweck ist bei beiden Varianten die Gleiche – das Unterbewusstsein soll neue Informationen erhalten. Sie gelten als eine der wohl mächtigsten Techniken innerhalb des Mentaltrainings und sind in ihrer Wirkungsweise durchaus sehr effektiv. Das Ziel einer Affirmation liegt darin, vor allem Blockaden zu lösen sowie Störungen oder Gedankenstrukturen, die hinderlich sind um Dein Ziel zu erreichen, aus den Bahnen brechen und gegen neue Gedankenmuster ersetzen, die deutlich positiver, befreiender und vor allem auch inspirierender sind.

Affirmationen gehören zu den psychologischen Werkzeugen mit der höchsten Wirkung. Um sie zu nutzen sind nicht einmal Hilfsmittel nötig, sie können alleine angewendet werden. Affirmationen unterstützen die menschlichen Fähigkeiten und lassen das eigene Verhalten systematischer und vor allem auch zielsicherer steuern. Sie sind also ein guter Weg um sich persönlich weiterzuentwickeln.

Grundsätzlich können Affirmationen Dir dabei helfen, Dich Deinen eigenen Zielen, Wünschen und Träumen anzunähern – ob es nun das eigene Reichtum, das Glück, die Liebe, die Gesundheit oder etwas anderes betrifft. Selbst Aspekte wie das Loslassen oder auch die persönliche Weiterentwicklung in Hinsicht auf den Aufbau eines größeren Selbstvertrauens können durch die Nutzung von Affirmationen unterstützt werden.

Die Affirmation ist also dazu gedacht, Dein Denken und auch Dein Handeln in die richtige Richtung und somit in die Richtung Deiner Ziele zu lenken. Selbst in Situationen, in denen Du Dein eigenes Ziel vielleicht nicht unmittelbar vor Augen hast – dennoch kommt an diesem Punkt Dein Unterbewusstsein zum Zug, in dem viel mehr Informationen verankert sind als in deinem Bewusstsein, was dazu führt, dass Du unterbewusst Dein Ziel eigentlich kennst. Dadurch, dass Dein Unterbewusstsein also viel stärker ist als Dein eigentliches Bewusstsein kann es auch fatal sein, wenn sich negative Glaubenssätze in Deinem

Unterbewusstsein verankern, da sie dort Dein Vorankommen bis an Dein Ziel enorm hindern können. Deshalb solltest Du darauf achten auch in Deinem Unterbewusstsein überwiegend positive Glaubenssätze zu manifestieren um Deine Zielerreichung zu unterstützen.

Du selbst bist allerdings auch für Deine Affirmationen zuständig. Diese musst Du immer nach bestimmten Kriterien gestalten, damit sie auch wirklich funktionieren können.

Jede Deiner Affirmationen muss durchweg *positiv* formuliert werden.

Deine Affirmation muss so *konkret* wie nur möglich sein. Dabei muss Dein Ziel klar hervorgehen, welches zwingend messbar sein muss. Das bedeutet, dass Du niemals Affirmationen formulieren solltest wie „Ich bin reich", sondern Du klar herausstellen solltest, wie viel Geld Du ganz genau besitzen möchtest.

Jede Affirmation sollte *individuell* sein. Es bringt Dir nichts Affirmationen von anderen Personen einfach zu übernehmen, denn letzten Endes wirst Du sicherlich andere Wünsche und auch Ziele in Deinem Leben haben als andere Menschen. Sicherlich gibt es auch Affirmationen, die recht allgemein gehalten sind und somit auch von Dir angewendet werden könnten – allerdings solltest Du Dir bei solchen Affirmationen darüber im Klaren sein, dass sie sehr viel weniger wirkungsvoll sind als

Affirmationen, die Du ganz persönlich für Dich und Dein eigenes Leben gestaltest.

Verwende *niemals Verneinungen* in Deinen Affirmationen – das bedeutet kein „nicht", „nie" und auch kein „kein".

Nutze in Deinen Affirmationen außerdem *niemals Bilder, die negativ behaftet sind*. Ein gutes Beispiel dafür ist beispielsweise wenn Du Schulden hast – sprich das niemals so in einer Affirmation aus sondern verwende lieber Ausdrücke wie „Reichtum aufbauen".

Formuliere Deine Affirmationen stets in der *Gegenwart*. Verwende also keine Formulierungen, die die Vergangenheit oder die Zukunft betreffen.

In Affirmationen gehören auch *keine Konditionale* wie hätte, könnte, sollte, würde oder ähnliche Wörter.

Lasse Formulierungen mit dem Wortlaut *„Ich will" außen vor*. Dein Unterbewusstsein würde aus Begrifflichkeiten wie „wollen" ein Ziel erklären, was im Umkehrschluss dazu führen würde, dass Du Dein Ziel niemals wirklich erreichst sondern immer in einem „wollen" hängenbleibst. Sinnvoller ist aufgrund dessen ein Ausdruck wie „Ich bin".

Nutze innerhalb von Affirmationen *keine zweischneidigen Wörter* wie beispielsweise „umsonst".

Halte Deine Affirmationen stets *kurz und prägnant*, denn dann sind sie deutlich wirksamer als jeder lang ausformulierte Satz.

Versuche einen *entspannten Anteil* in deine Affirmationen einzubringen. Entspannte Anteile sind zum Beispiel Formulierungen wie „voller Harmonie und Gelassenheit“, die sich optimal ans Ende Deiner Affirmationen setzen lassen.

Übertreibe nicht mit der Anzahl Deiner Wünsche innerhalb einer Affirmation.

Wenn Du in Deinem Leben mit Problemen konfrontiert wirst, die mittlerweile tief in Deinem Inneren sitzen, so solltest Du auf Ursachenforschung gehen. Sobald Du die Ursache für Dein Problem herausgefunden hast, kannst Du dieses in einer Affirmation einbauen, es positiv umformulieren und auf diesem Weg verarbeiten.

Versuche in Deinen Affirmationen einen *Beginn* aus Formulierungen wie „*Ich habe*“ oder „*Ich bin*“ zu erschaffen.

Verfasse Deine Affirmationen in Deiner *eigenen Sprache* und nicht in einer Sprache, die Du nur wenig beherrscht.

Wenn Du Deine Affirmation nun grundsätzlich nach den Regeln aufgebaut hast, so ist es wichtig, dass sie Dich emotional auch berührt damit der Erfolg auch wirklich eintritt. Denn es ist tatsächlich so, dass je größer das positive Gefühl ist, welches

Deine Affirmation in Dir auslöst, desto effektiver ist sie schlussendlich.

Damit Du sie für Dich selbst intensiv fühlen kannst, ist es empfehlenswert, dass Du Dich vor einen Spiegel begibst und Deine Affirmation laut und deutlich aussprichst. Das Ziel dabei besteht darin, dass Du selbst die positive Energie Deiner Affirmation spürst – das muss nicht direkt am Anfang sein aber je häufiger Du Deine Affirmation vor dem Spiegel laut aussprichst, desto eher sollte sich dieses Gefühl einstellen. Wenn Du nach einer Weile noch immer kein positives Gefühl in Dir feststellen kannst, wenn Du Deine Affirmation aussprichst, so hast Du sicherlich noch nicht die richtige Affirmation für Dich formuliert oder Du traust Dich schlichtweg noch zu wenig aus Dir heraus.

Es kommt immer darauf an, wie Du Deine Affirmation nun formuliert hast – ob Du sie mit der Formulierung „Ich bin" oder „Ich habe" beginnst macht einen großen Unterschied.

Letzten Endes beschreibt die Formulierung „Ich bin" eine sogenannte Persönlichkeits-Affirmation, was bedeutet dass Du diese immer im Jetzt formulieren solltest. Somit benötigst Du hier in keinem Fall irgendeine Zeitangabe, vielmehr geht es darum klare Aussagen zu treffen wie beispielsweise „Ich bin glücklich" oder „Ich bin gesund". Dass Du diese Zeitangabe hier nicht benötigst hängt auch mit Deinem Unterbewusstsein zusammen, denn dieses kann mit einer „Ich bin“ Formulierung sofort an Deinem Wunsch arbeiten und diesem entsprechen. Bei der Persönlichkeits-Affirmation geht es darum, dass Du das entstehende Glücksgefühl wirklich einmal frei lässt und es zulässt, so wie es ist.

Eine „Ich habe“ Formulierung hingegen steht für die sogenannte Besitz-Affirmation. Bei ihr geht es darum die Affirmation stets zeitspezifisch zu formulieren – also immer in Verbindung mit einer genauen Zeitangabe. Wenn es Dein Ziel ist Gewicht zu verlieren so solltest Du niemals nur eine Formulierung wie „Ich habe 65 Kilo erreicht“ äußern sondern einen Zeitpunkt bis zu welchem Du Dein Ziel erreichen möchtest – beispielsweise „Ich habe am 01.03.2020 65 Kilo erreicht und bin vollkommen harmonisch und gelassen“. Dein Unterbewusstsein wird sich bei der Besitz-Affirmation viel mehr mit dem Wahrheitsgehalt Deiner Aussage beschäftigen als es dies bei der Persönlichkeits-Affirmation tun würde. Denn wenn Du bei der Besitz-Affirmation eine unwahre Aussage formulieren würdest, so würde Dein Bewusstsein dies wahrnehmen und könnte somit auch innerhalb Deiner Besitz-Affirmation nicht wirklich für Dich arbeiten. Somit wäre die Affirmation alles andere als wirksam.
Allerdings solltest Du bei der Besitz-Affirmation ebenfalls darauf achten – auch wenn der erforderliche Zeitpunkt eigentlich nicht in der Gegenwart liegt – nicht in der Zukunft zu

formulieren sondern immer noch in der Gegenwart zu bleiben.

Das Visionboard

Du solltest immer ein klares Bild Deiner eigenen Zukunft vor Augen haben und Dir darüber im Klaren sein, was Du erreichen möchtest. Denn nur, wenn Du Deine Ziele deutlich vor Augen hast, kannst Du auch den Weg dorthin erst richtig sehen.

Ein Visionboard ermöglicht Dir Deine Lebensvisionen, Sehnsüchte, Träume und Wünsche zu visualisieren und sie auf diesem Weg zu manifestieren. Das Visionboard ist also nahezu ein magisches Tool, welches Du Dir selbst durch Bilder, Fotos, Illustrationen, Texte und Zitate als eine Collage gestaltest. Der große Vorteil des Visionboards liegt darin, dass Du selbst eigentlich bereits unterbewusst weißt, welches die notwendigen Schritte auf dem Weg zum Erreichen Deiner Visionen sind. Auf diesem Weg handelst Du nach ihnen und wirst somit Ereignisse, Menschen und Momente in Dein Leben ziehen, die Dich auf Deinem weiteren Weg stets unterstützen werden und Deine Zweifel werden immer mehr abnehmen.

Letzten Endes benötigst Du für ein Visionboard nicht einmal viel Material – das Meiste wirst Du vermutlich bereits Zuhause haben. Denn was Du benötigst sind Magazine, Postkarten und Zeitschriften, aus denen Du Dinge herausschneiden kannst, einen ansprechenden Bilderrahmen, in dem Du Dein

Visionboard später drapieren kannst sowie einen Hammer, einen Nagel und einen geeigneten Ort, an dem Du Dein Visionboard schlussendlich aufhängen kannst.

Zu Beginn solltest Du Dir selbst Deine Visionen und Ziele definieren. Dabei kannst Du ruhig groß träumen, denn darum geht es bei dem Visionboard. Nimm Dir dazu einfach ein Blatt Papier und beginne damit Deine definierten Visionen und auch Ziele aufzuschreiben – Grenzen sind Dir hierbei nicht gesetzt. Du kannst also willkürlich aufschreiben, was Dir gerade in den Kopf kommt und was Dein Herz vielleicht sogar höher schlagen lässt. Möglicherweise wird sich dabei eine Stimme in Deinem Kopf einschalten, die Dir signalisiert, dass Du dieses Ziel ohnehin nicht erreichen wirst – doch beim Visionboard gilt: je größer du denkst desto bester.

In diesem ersten Punkt kann es für Dich auch gut sein, Dich mit Zielen aus zehn unterschiedlichen Lebensbereichen auseinanderzusetzen und Deine Ziele in diese Kategorien einzuteilen um einen klareren Überblick zu erhalten. Die Lebensbereiche sind dabei das *Abenteuer und der Urlaub*, die *berufliche Erfüllung*, die *Familie und die Freundschaft*, die *Fitness sowie Gesundheit*, die *Freizeit*, das *gesellschaftliche Engagement*, das *Geld und die Finanzen*, die *Kreativität*, die *Liebe, Partnerschaft und Sexualität*, die *räumliche Umgebung beziehungsweise Dein Wohnort* und der *Sinn sowie Spiritualität*.

Am besten nimmst Du neben der Einteilung Deiner Visionen und Ziele in die unterschiedlichen

Lebensbereiche eine weitere Festlegung, indem Du einen Zeitraum definierst, in dem Du Deine Ziele erreicht haben möchtest. Der Zeitraum ist dabei völlig Dir überlassen, Du kannst dir drei Jahre, zehn Jahre oder sogar 30 Jahre Zeit lassen.

Anschließend solltest Du damit beginnen Deinen Visionen und Zielen ein Bild zu verleihen, das heißt an diesem Punkt kommt Deine gesamte Kreativität ins Spiel. Du kannst Bilder, Fotos, Illustrationen, Texte und Zitate sammeln und davon alles verwenden, wonach Dir gerade ist aber vor allem solche Dinge, die Deine Ziele wiederspiegeln und in Dir das richtige Gefühl auslösen. Dabei ist es irrelevant ob Du das Ganze analog oder digital machst – allerdings ist die Wirkung eines Visionboards erfahrungsgemäß deutlich größer, wenn es auf dem physischen Weg angefertigt wird.
Schneide Dir also alles aus, was gut zu Deinen Zielen passt und verwende dabei auch gerne Inspirationswebseiten wie zum Beispiel Pinterest, dort findest Du viele Ideen, die sich sicherlich gut in das Gesamtbild Deines Visionboards einfügen lassen. Du kannst darüber hinaus auch selbst aktiv werden, malen, zeichnen, schreiben – wonach Dir gerade ist und auch diese Dinge für Dein Visionboard verwenden.
Sobald Du all die richtigen Dinge zusammengesammelt hast geht es an das Sortieren nach den zehn Lebensbereichen. Auf diesem Weg wirst Du erkennen, dass es Dir auch deutlich leichter fallen wird, Deinem Visionboard eine gewisse Struktur und Ordnung zu verleihen.

Wenn Du Deine Bilder, Fotos, Illustrationen und anderen Dinge Deinen Lebensbereichen zugeordnet hast, kannst Du damit beginnen Dein Visionboard endlich nach Deinen Wünschen und Vorstellungen zu gestalten. Auch hier gilt wieder – es gibt keinerlei Grenzen. Das Ziel, was Du bei der Gestaltung verfolgst sollte jedoch stets sein, dass Du Deine Ziele so visuell anordnest, wie es Dir am besten gefällt. Dafür kannst Du Dir einen Untergrund Deines Beliebens auswählen – geeignet sind beispielsweise Holzbretter, Pinnwände aber auch Plakate. Wenn Du jedoch nach den Lebensbereichen vorgehst, so fällt Dir die Strukturierung Deines Visionboards sicherlich recht leicht. Wenn Du Dich hingegen für das digitale Visionboard entschieden hast, so bist Du bereits so gut wie fertig mit ihm. Ordne auch hier Deine Ziele so an, wie es zu Deinen Lebensbereichen und insgesamt zur Gestaltung passt. Ein Visionboard der digitalen Art eignet sich überaus gut um als Bildschirm- oder Handyhintergrund verwendet zu werden.

Wenn Du mit der Gestaltung Deines Visionboards erst einmal fertig bist, so ist es wichtig, dass Du einen geeigneten Ort findest. Am besten ist es, wenn Du es an einem Ort platzierst, wo Du es tagtäglich sehen kannst um Dir Deine Visionen und Ziele immer wieder vor Augen rufen zu können und sie auf diesem Weg auch fest in Deinem Unterbewusstsein zu verankern. Denn sobald Du erst einmal einen perfekten Ort gefunden hast, wirst Du schnell die ersten Resultate erkennen können.

Es ist außerdem auch gut, dass Du jedes Mal, wenn Du an Deinem Visionboard vorbeiläufst, Dich für all diese Visionen und Träume bedankst, die früher oder später in Erfüllung gehen werden.

Praktische Übungen

Um das Visualisieren auch in die Praxis umzusetzen gibt es unterschiedliche Übungen. In erster Linie solltest Du Dir darüber bewusst werden, dass das Visualisieren prinzipiell in den meisten Fällen das Bild in Deinem Geist meint, welches Du stets vor Dir sehen solltest. In vielen Fällen ist es der Wunsch, dass sich der Visualisierung ein gutes Gefühl einstellt – in einem solchen Falle sollten stets alle Sinnesorgane in die Visualisierung mit eingebaut werden, sodass auch Klänge gehört, Aromen geschmeckt und Düfte gerochen werden können.

Um die Visualisierung nun richtig anzugehen, solltest Du Dir Deine Ziele so detailreich und konkret wie nur irgendwie möglich vorstellen – umso besser wird die Visualisierung für Dich funktionieren. Das heißt binde in Deine Visualisierung auch Aspekte wie die Dimensionen, die Farben, die Formen oder auch die Oberfläche mit ein. Handelt es sich hingegen nicht um greifbarer Objekte so solltest Du Deine Gefühle, deine Freude über die Erfüllung einer der Wünsche und eine gute Stimmung mit einbauen.

Besonders gut funktioniert die Visualisierung, wenn Du Deine Augen dabei schließt und ganz gezielt alle Deiner fünf Sinnesorgane nutzt.

Es kann schon einmal vorkommen, dass Du vielleicht an den Punkt gelangst, wo Du ein Ziel vor Augen hast, welches augenscheinlich doch recht schwierig zu erreichen ist oder wenn überhaupt dann oftmals nur durch die Hilfe von anderen Personen. In diesem Fall kannst Du die Visualisierung dennoch anwenden.

Dabei solltest Du dann darauf achten, dass Du die Visualisierung so lebhaft wie möglich gestaltest – führe Dir dabei explizit vor Augen, wie Du Dein Ziel bereits erreicht hast. Wichtig ist, dass Du Dich selbst in diesem Szenario wahrnehmen kannst – sobald Du dies geschafft hast, bewahre Dir dabei jedoch auch den Aspekt im Gedächtnis, dass Du Dein Ziel nur mit der Hilfe einer anderen Person erreichen kannst. Lasse Dich auf die entstehenden Gefühle ein und nimm ganz bewusst wahr, wie gut sich das Ganze für Dich anfühlt. Gerade in diesem Zustand solltest Du dann der Fragestellung auf den Grund gehen, was Du heute bereits dafür tun kannst, dass Du Dich diesem Ziel ganz explizit nähern kannst – achte dabei darauf, welche Antworten Dein Inneres Dir gibt und setze diese anschließend in die Tat um.

Eine weitere Möglichkeit der Visualisierung, die Du ausüben kannst ist das reine Training der Visualisierung.

Dafür nimmst Du Dir einen beliebigen Gegenstand zur Hand und siehst ihn dir ganz genau an. Dabei solltest Du auf alle Einzelheiten des Gegenstandes achten – auf die Farbe, die Form und die Dimension sowie unter Umständen den Geruch oder Geschmack. Merke Dir diese Einzelheiten, schließe dann Deine Augen und probiere Dir den Gegenstand vor Deinem inneren Auge wieder ins Gedächtnis zu rufen und ihn dabei so detailliert wie möglich darzustellen.

Wenn Du es mit einer ganzheitlichen Visualisierung probieren möchtest, dann kannst Du die folgende Übung für Dich anwenden.

Überlege Dir, welchen Traum Du gerne verfolgen möchtest – es kann irgendein Traum sein, der Dich glücklich macht oder auch ein Ziel, was Du schlichtweg gerne erreichen möchtest.

Beginne damit diesem Traum ein Leben einzuhauchen, indem Du Dir selbst einmal die folgenden Fragen stellst:

> Wo siehst Du Dich selbst in der Zukunft – in etwa fünf Jahren?
>
> Wie würde Dein Alltag aussehen, wenn Du ihn dir vollkommen frei nach Deinen eigenen Wünschen und Vorstellungen gestalten könntest?
>
> Wobei hast Du Dich wirklich glücklich gefühlt?

Was würdest Du bereuen, wenn Du es niemals tun oder erreichen würdest, wenn Du diese Welt irgendwann einmal verlassen musst?

Wenn Du Dir diese Fragen für Dich selbst beantwortet hast kannst Du damit beginnen, Dir Dein Traumleben so auszumalen, wie es Dir am besten gefallen würde oder auch Deinen größten Wunsch beziehungsweise Dein größtes Ziel. Wichtig ist dabei wiederum, dass Du es Dir so detailreich wie Du nur kannst ausmalst.

Schreibe Deine Visualisierung dann auf ein Blatt Papier nieder um es Dir besser merken zu können. Auch hierbei solltest Du wieder darauf achten, dass Du möglichst alle Details aufschreibst – inklusive aller Wahrnehmungen Deiner Sinnesorgane. Wenn Du magst kannst Du Dir für Deine Visualisierungen auch ein Buch gestalten, in dem Du jede Deiner Visualisierungen niederschreibst oder besonders ansehnliches Papier verwenden – Deine Visualisierung sollte immer etwas Besonderes sein. Sollte der Text Deiner Visualisierung möglicherweise zu lang werden, ist es auch empfehlenswert, dass Du zusätzlich eine kleine Zusammenfassung erstellst, die Du dann Tag für Tag erneut aufschreibst.

Nimm Dir genügend Zeit für Deine Visualisierungen und nehme sie an einem geeigneten Ort vor, an dem Du ausreichend Ruhe hast und für Dich alleine bist. Wie Du dabei sitzt, liegst oder stehst ist vollkommen Dir selbst überlassen – Du solltest Dich allerdings dabei stets wohlfühlen. Schließe dann in Deiner Wohlfühlposition Deine Augen und visualisiere Dir erneut Deinen Traum, Deinen Wunsch oder Dein

Ziel und stelle Dir dabei genau die Gefühle vor, die Du in dieser Situation empfindest. Lasse Dich vollkommen auf die Visualisierung und somit Deine Vorstellungskraft ein.
Wenn es Dir schwer fallen sollte Dich in diese Form der Meditation hineinzufinden kannst Du probieren, Dir eine Kerze anzuzünden und dabei ganz genau in die Kerzenflamme zu sehen. Du wirst nach einer kurzen Weile bereits feststellen, dass Du innerlich viel ruhiger wirst und empfindest unter Umständen das Bedürfnis, Deine Augen zu schließen.
Sollte dies nicht funktionieren kannst Du Dir auch vorstellen, wie Du in ein Kino gehst und auf einem der Kinosessel Platz nimmst bevor der Vorhang sich öffnet. Du blickst auf die Leinwand und kannst plötzlich Dich selbst auf ihr erkennen, Dich wie Du Deinen allergrößten Traum durchlebst... Auf diese Weise kann es Dir gelingen, Dich langsam in die Situation der Meditation hineinzufinden und mit der Zeit vollständig in die Situation hineinzugelangen.
Wenn dies ebenfalls nicht funktioniert, kannst Du es zu guter Letzt versuchen indem Du Deine niedergeschriebene Zusammenfassung als Einstimmung noch einmal aufmerksam durchliest.

Wenn Dir danach ist kannst Du während Deiner Visualisierung auch Musik einschalten, die das Ganze noch einmal unterstreicht. Gut geeignet sind dafür beispielsweise Lieder mit einer schönen Melodie oder Lieder, die in unmittelbarer Verbindung zu Deinem Wunsch, Traum oder Ziel stehen. Immerhin gibt es viele Lieder, die wir mit gewissen Situationen verbinden und die dementsprechend bestimmte

Emotionen in uns auslösen – ob es nun das gemeinsame Lied mit der ersten großen Liebe ist oder ein Lied, was Dich mit einer guten Freundin oder einem guten Freund verbindet... Du kannst allerdings auch eine normale Meditations-CD abspielen, die Dir persönlich einfach nur gut gefällt.

Du solltest Deine Visualisierung allerdings regelmäßig üben damit Du mit ihr wirklich zum gewünschten Ziel gelangen kannst. Dein Gehirn und auch Dein Unterbewusstsein lernen die meisten Dinge am besten dann, wenn sie kontinuierlich wieder ins Gedächtnis hervorgerufen werden - und das– funktioniert am besten durch stetige Wiederholungen. Aufgrund dessen ist es so wichtig, dass Du Deine Visualisierung regelmäßig und am besten sogar jeden Tag, noch besser sogar mehrmals täglich, ausübst. Dabei kannst Du Dir feste Visualisierungszeiten in Deinen Alltag einbauen oder Du nutzt die Zeit wenn Du sie gerade hast – nach einer Weile wirst Du feststellen, dass Deine Visualisierungen ein genauso fester Bestandteil Deines Alltags werden wie es das Zähneputzen beispielsweise schon lange ist.
Solltest Du Dich für feste Visualisierungszeiten entscheiden kann es eine gute Möglichkeit sein, dass Du Dir die Zeiten dafür in einen Kalender einträgst oder Dir vielleicht sogar einen Wecker stellst – so wirst Du nicht nur immer wieder daran erinnert, dass nun die Zeit zum Entspannen ist sondern Du kannst auch davon profitieren, dass Du Deinen Alltag sehr viel gelassener angehen kannst und viele Situationen,

die vielleicht sehr anspruchsvoll sind, von Dir weitaus leichter gemeistert werden können.

Für die Visualisierung solltest Du Dir am besten die besonderen Tageszeiten zu Nutze machen sprich jene am Morgen direkt nachdem Du aufgewacht bist oder auch am Abend kurz bevor Du einschläfst. Denn genau zu diesen Zeitpunkten befindest Du Dich quasi in einer Zwischenwelt zwischen Traum und Realität, was Dich mit Deinem Visualisierungsbild wesentlich tiefer eindringen lässt und die Visualisierung noch einmal um ein Vielfaches verstärkt wird.

Zu guter Letzt solltest Du kraftvolle Softwaretools verwenden, die Dir bei der Visualisierung noch mehr Spaß bereiten. Mittlerweile gibt es einige Tools, die besonders gut für die Visualisierung geeignet sind wie beispielsweise die Erstellung von Visionboards – in diesem Fall in der digitalen Version. Oder aber Du nutzt die Software Mind Movies, welche es Dir möglich macht, dass Du ganz unkompliziert mithilfe Deines Smartphones, Tablets oder PCs ein Video Deines eigenen Lebens erstellen kannst. Im Übrigen beinhaltet auch jedes Smartphone eine sogenannte digitale Bibliothek, die all Deine Bilder und Videos umfasst. Diese Bibliothek kannst Du optimal dazu nutzen die Inhalte mit Affirmationen zu verbinden oder auch Videos von Dir mit ansprechender Musik zu hinterlegen. Wenn Du erst einmal ein Visionvideo erstellt hast, so solltest Du Dir dieses im besten Fall jeden Tag ansehen – auch hier sind die besten Tageszeiten kurz vor dem Einschlafen und kurz nach dem Aufwachen. Ein solches Visionvideo sollte nach Möglichkeit rund drei Minuten dauern um wirklich ins Unterbewusstsein eindringen zu können. Als letzter Tipp sprechen übrigens besonders Kombinationen aus den drei Komponenten Emotionalität, Mentalität und Visualität dein Unterbewusstsein auf allen Ebenen gleichermaßen an, was dazu beiträgt, dass Du in Deinem Leben besonders die Dinge verwirklichen kannst, nach denen Du Dich am meisten sehnst.

Abschließende Worte

In diesem Buch konntest Du nun viel über die Visualisierung und viele mit ihr in Zusammenhang stehende Aspekte lernen.

Nutze unbedingt die Macht der Visualisierung um Dich Deinen eigenen Träumen, Wünschen und Zielen Schritt für Schritt anzunähern.

Nimm es in Angriff und probiere es zumindest einmal aus – denn wenn Du es nie probierst, wirst Du niemals erfahren, ob es Dich nicht weitergebracht hätte.

Von der Visualisierung konnten bereits viele Menschen vor Dir profitieren – also worauf wartest Du noch?

Räume Dir ein Zeitfenster frei um Dich intensiv mit der Visualisierung auseinanderzusetzen und verfolge die einzelnen Schritte, die ich Dir in diesem Buch an die Hand gebe und Du wirst merken, dass sich schon ganz bald die ersten Erfolge einstellen werden.

Haftungsausschluss

Der Inhalt dieses E-Books wurde mit großer Sorgfalt geprüft und erstellt. Für die Vollständigkeit, Richtigkeit und Aktualität der Inhalte kann jedoch keine Garantie oder Gewähr übernommen werden. Der Inhalt dieses E-Books repräsentiert die persönliche Erfahrung und Meinung des Autors und dient nur dem Unterhaltungszweck. Der Inhalt sollte nicht mit medizinischer Hilfe verwechselt werden. Es wird keine juristische Verantwortung oder Haftung für Schäden übernommen, die durch kontraproduktive Ausübung oder durch Fehler des Lesers entstehen. Es kann auch keine Garantie für Erfolg übernommen werden. Der Autor übernimmt daher keine Verantwortung für das Nicht-Erreichen der im Buch beschriebenen Ziele.

Impressum

Haben Sie Fragen oder Anregungen, die Sie mir gerne persönlich mitteilen möchten?

Karolina Runge
Immegastraße 13
26835 Hesel
Deutschland

Printed in Great Britain
by Amazon

45260749R00058